Stefan Alexa

I0007049

Entwicklung einer Kommunikationsstrategie für
Marktsegment "Hochverfügbarkeitslösungen"

Stefan Alexa

Entwicklung einer Kommunikationsstrategie für das Produkt "Cluster-Server" im Marktsegment "Hochverfügbarkeitslösungen"

Diplom.de

Bibliografische Information der Deutschen Nationalbibliothek:

Bibliografische Information der Deutschen Nationalbibliothek: Die Deutsche
Bibliothek verzeichnet diese Publikation in der Deutschen Nationalbibliografie;
detaillierte bibliografische Daten sind im Internet über http://dnb.d-nb.de/ abrufbar.

Copyright © 1998 Diplomica Verlag GmbH
Druck und Bindung: Books on Demand GmbH, Norderstedt Germany
ISBN: 978-3-8386-0994-2

http://www.diplom.de/e-book/216888/entwicklung-einer-kommunikationsstrategie-
fuer-das-produkt-cluster-server

Stefan Alexa

Entwicklung einer Kommunikations- strategie für das Produkt „Cluster- Server" im Marktsegment „Hochverfügbarkeitslösungen"

Diplomarbeit
an der Fachhochschule Reutlingen
Juni 1998 Abgabe

Diplomarbeiten Agentur
Dipl. Kfm. Dipl. Hdl. Björn Bedey
Dipl. Wi.-Ing. Martin Haschke
und Guido Meyer GbR

Hermannstal 119 k
22119 Hamburg

agentur@diplom.de
www.diplom.de

ID 994

ID 994

Alexa, Stefan: Entwicklung einer Kommunikationsstrategie für das Produkt „Cluster-
Server" im Marktsegment „Hochverfügbarkeitslösungen" / Stefan Alexa –
Hamburg: Diplomarbeiten Agentur, 1998
Zugl.: Reutlingen, Fachhochschule, Diplom, 1998

Diplomarbeiten Agentur

Wissensquellen gewinnbringend nutzen

Qualität, Praxisrelevanz und Aktualität zeichnen unsere Studien aus. Wir bieten Ihnen im Auftrag unserer Autorinnen und Autoren Wirtschaftsstudien und wissenschaftliche Abschlussarbeiten – Dissertationen, Diplomarbeiten, Magisterarbeiten, Staatsexamensarbeiten und Studienarbeiten zum Kauf. Sie wurden an deutschen Universitäten, Fachhochschulen, Akademien oder vergleichbaren Institutionen der Europäischen Union geschrieben. Der Notendurchschnitt liegt bei 1,5.

Wettbewerbsvorteile verschaffen – Vergleichen Sie den Preis unserer Studien mit den Honoraren externer Berater. Um dieses Wissen selbst zusammenzutragen, müssten Sie viel Zeit und Geld aufbringen.

http://www.diplom.de bietet Ihnen unser vollständiges Lieferprogramm mit mehreren tausend Studien im Internet. Neben dem Online-Katalog und der Online-Suchmaschine für Ihre Recherche steht Ihnen auch eine Online-Bestellfunktion zur Verfügung. Inhaltliche Zusammenfassungen und Inhaltsverzeichnisse zu jeder Studie sind im Internet einsehbar.

Individueller Service – Gerne senden wir Ihnen auch unseren Papierkatalog zu. Bitte fordern Sie Ihr individuelles Exemplar bei uns an. Für Fragen, Anregungen und individuelle Anfragen stehen wir Ihnen gerne zur Verfügung. Wir freuen uns auf eine gute Zusammenarbeit

Ihr Team der *Diplomarbeiten* Agentur

Dipl. Kfm. Dipl. Hdl. Björn Bedey –
Dipl. Wi.-Ing. Martin Haschke ——
und Guido Meyer GbR ———

Hermannstal 119 k ———
22119 Hamburg ———

Fon: 040 / 655 99 20 ———
Fax: 040 / 655 99 222 ———

agentur@diplom.de ———
www.diplom.de ———

Vorwort

Zu allererst möchte ich diese Seite denen widmen, welche mich bei der Erstellung dieser Diplomarbeit tatkräftig unterstützten.

So möchte ich mich persönlich bei folgenden Personen bedanken:

Bei meinem Betreuer im Unternehmen Drost Marketing GmbH, Frank Mohl, der
sich immer Zeit für mich nahm, meine Unterlagen durchsah und diese neutral bewertete, um in zahlreichen Gesprächen mit mir dieses Gedankengut kritisch zu beleuchten.

- Ich denke wir beide haben von diesen Gesprächen profitiert -

Bei meinen Professoren: Prof. Dr. Kerksieck und Prof. Dr. Litke, die
in kurzer Absprache miteinander die Einzelbetreuung in meinem Sinne auf eine kooperierende Doppelbetreuung erweiterten, um mich nicht im Regen stehen zu lassen und mir dadurch demonstriert haben, wie man heutzutage in der Wirtschaft reagieren muß.

- Die beiden Professoren wissen gar nicht um den Dank meinerseits dafür -

Bei den Mitarbeitern der Drost Unternehmensgruppe, die
einer nach dem anderen Hilfe anboten, um mich schneller, als ich es mir denken konnte, an viele individuelle Ziele zu bringen. Dabei traten sie in einen offenen Dialog mit mir und vernachlässigten manches Mal ihre Regeltätigkeit, um diese Hilfe erbringen zu können. Der Vollständigkeit halber soll hier bemerkt werden, daß sie in zahlreichen Überstunden dieses Defizit sogleich wieder ausglichen.

- Jedem einzelnen wünsche ich für die Tätigkeit bei der Drost Unternehmensgruppe alles Gute und möge dieses Kollektivdenken weiter gedeihen und wachsen.-

Bei meinem Bruder Frank Alexa, der
mich, seinem Können nach, mit vielen wichtigen Informationen versorgte, an die ich nur schwer oder mit viel Aufwand herangekommen wäre.

- Ich hoffe, ich werde mich irgendwann gebührend revanchieren können -

Bei meiner Freundin Heike Berner, die
sich neben ihrer Diplomarbeit mehrmals Zeit nahm, um mich nicht nur fachlich, sondern auch mit viel Engagement auf den richtigeren Weg zu geleiten, obwohl sie selbst mit viel Arbeit zu kämpfen hatte.

- Ich wünsche ihr in ihrer Diplomarbeit die Honorierung des Engagements, welche sie für mich aufbrachte. -

Bei allen anderen Personen, welche hier aber aufgrund der Kürze nicht namentlich aufgeführt werden können, die
mich mehr oder weniger unterstützten und einer wie der andere ein Stück dieser Arbeit repräsentieren.

Allen Personen möchte ich aufrichtig danken für ihre Hilfe, denn diese ist heutzutage nicht mehr so selbstverständlich. Danke

Man sagt:
„Die 2 größten Sorgen eines IT-Managers sind ein problemloses und ein überlastetes EDV-System"

Wenn ein EDV-System ganz zusammenzubrechen droht,
wird der IT-Manager mit Beschwerden übersät.

Im Gegensatz dazu kann ein EDV-System,
welches hervorragend funktioniert,
nicht in der Geschwindigkeit ausgebaut werden,
wie es erforderlich wäre,
um die steigende Auslastung zu kompensieren.

Die Cluster-Technologie kann die Ausfallzeit eines EDV-Systems
enorm minimieren.

Fast parallel dazu bietet diese Technologie die Möglichkeit,
EDV-Systeme, während sie in Betrieb sind, aufzurüsten,
um so den steigenden Anforderungen an das System gerecht zu werden.

Es ist der **Cluster-Server**, der uns näher an die **Zukunf**t bringt

Inhaltsverzeichnis

Abbildungsverzeichnis

Alle genannten Produktnamen sind Warenzeichen beziehungsweise eingetragene Warenzeichen der jeweiligen Hersteller oder Urheber.

1 Die Drost Unternehmensgruppe

1.1 Firmenprofil der Drost Unternehmensgruppe

Die Firma Drost wurde im Jahre 1993 von Thomas Drost als alleiniger Gesellschafter in der Rechtsform einer Gesellschaft bürgerlichen Rechts (GbR) gegründet. 1994 wandelte er die Drost GbR in eine GmbH um.

Der Produkt- und Leistungskatalog beinhaltete damals neben der Ausstattung und Versorgung der Kunden mit PC-Hardware auch die Anpassung verschiedener Softwareprogramme. Als drittes Standbein wurde dem damaligen Markt auch PC-Komplettangebote offeriert, um somit den Kundenbedürfnissen gerecht werden zu können. Auf Drängen der Kunden kristallisierte sich ein Serviceangebot der Drost GmbH heraus, die User-Help-Desk [1].

Im Jahre 1997 entschließt sich die Drost GmbH dazu, der bestehenden Firma 2 neue Firmen hinzuzufügen, um somit auch durch die rechtliche Trennung der Geschäftsfelder neue Kundengruppen zu adressieren. Die Drost Computer Service GmbH und die EIC (Enterprise Information Consulting) GmbH, gewährleisten zusammen mit der Drost Marketing GmbH die komplette Betreuung des Kunden. Die Drost Computer Service GmbH bietet Leistungen wie Instandsetzungen von PC- oder Netzwerksystemen an und verrichtet zudem individuelle Anpassungsarbeiten an Soft- und Hardware. Sie unterstützt mit Hilfe der User - Help - Desk telefonisch den Kunden bei Problemen mit der Soft- oder Hardware. Im Bereich des Asset Managements [2] gewährleistet die Drost Marketing GmbH den Vertrieb von PC-Hardwarekomponenten, Komplettsystemen und Schulungen neben der Betreuung der Projektkunden. Die kognitive Spitze der Drost Unternehmensgruppe stellt die Firma EIC dar. Sie steht mit ihrem Service für professionelle Beratung und Implementierung von Lösungen in unterschiedlichste IT-Umgebungen. Daneben ist die Firma EIC kompetent bei der Netzberatung in puncto strukturierte Verkabelung, Netzinfrastruktur und Netzsicherheit.

---

[1] User-Help-Desk ist eine Einrichtung, welche im Rahmen eines Servicevertrages Hilfestellung zu Fragen der Kunden bezüglich der Software oder Hardware gibt.

[2] Asset Management ist das Ausstattungsmanagement eines Kunden mit PC-Hard- und Software

>> Die Drost Unternehmensgruppe <<

Sie ist zugleich NCR HA Solution Provider [3], Microsoft HA Solution Provider [4] und HP Netserver Cluster Provider [5].

1.2 Die Umsatzentwicklung der Drost GmbH

Als die Firma 1993 gegründet wurde, erreichte das Unternehmen einen Umsatz von 2 Millionen (Mio.) DM. Im darauffolgenden Jahr wies die Bilanz einen Umsatz von 4,5 Mio. DM aus. Der Umsatz konnte 1995 auf 6,5 Mio. DM gesteigert werden. Im nächsten Jahr belief sich der Umsatz auf 12 Mio. DM, um im darauffolgenden Jahr 15 Mio. DM zu erreichen. Nun werden im aktuellen Jahr konsolidiert in der Gruppe 20 Mio. DM Umsatz angestrebt.

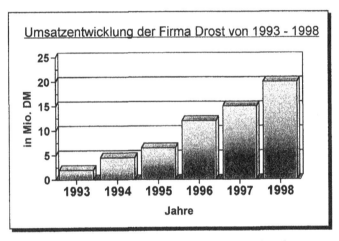

Abbildung 1: Umsatzentwicklung der Drost GmbH

1.3 Die Beschäftigungsentwicklung der Drost GmbH

Die Beschäftigungsentwicklung trägt der Umsatzentwicklung Rechnung. Als die Firma 1993 gegründet wurde, war Thomas Drost der einzige Angestellte. Im folgenden Jahr waren es 2 MA, 1995 wurden es 5 MA und 1996 arbeiteten schließlich 12 MA im

---

[3] NCR HA Solution Provider ist eine Autorisierung des Herstellers NCR, welche sie bezüglich ihres Produktes Lifekeeper im Marktsegment Hochverfügbarkeitslösungen vergibt.
[4] Microsoft HA Solution Provider stellt eine Autorisierung von Microsoft für die Hochverfügbarkeitslösung von Microsoft dar.
[5] HP Netserver Cluster Provider symbolisiert eine Autorisierung des Herstellers Hewlett-Packard dar, im Bereich Hochverfügbarkeitslösungen kompetent für HP- Produkte zu sein. Hochverfügbarkeitslösung mit HP-Netserver-Produkten

>> Die Drost Unternehmensgruppe <<

Unternehmen. Im Jahre 1997 schließlich wurde das Personal um 16 Personen auf 28 MA. erweitert. Gleichzeitig vergrößerte der Geschäftsführer die Betriebsfläche in Reutlingen um 100 % auf nun über 2000 m^2 . Für das Jahr 1998 werden 50 Mitarbeiter prognostiziert.

Abbildung 2: Niederlassungen der Drost GmbH in Deutschland

Dazu wurden im vierten Quartal 1997 drei weitere Niederlassungen in Hamburg, Pohlheim und Schwerin eröffnet. Diese Niederlassungen sind rechtlich keine selbstständigen Niederlassungen, sondern fungieren als Vertriebsniederlassungen.

>> Die Drost Unternehmensgruppe <<

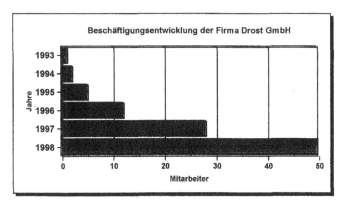

Abbildung 3: Beschäftigungsentwicklung der Firma Drost GmbH

1.4 Die Organisation der Drost Unternehmensgruppe

Die Drost Unternehmensgruppe hat sich aus einer Einzelunternehmung im Laufe der fast 5 Jahre zu mehreren anteiligen Mehrgesellschafterunternehmen entwickelt. Die Gliederung der verschiedenen Unternehmungen kann man aus der folgenden Abbildung entnehmen.

Abbildung 4: Aufteilung der Drost Unternehmensgruppe

Die drei Firmen adressieren durch die rechtliche Trennung verschiedene Zielgruppen. Während die Drost Marketing GmbH den Vertrieb der PC-Komponenten übernimmt, erbringt die Drost Service GmbH den Dienst am Kunden. Darauf aufsetzend versorgt die EIC GmbH den Kunden mit gedanklichem Know - How und erarbeitet mit ihm zusammen Lösungen für seine Bedürfnisse. Als derzeitig einziger Anbieter in Deutschland ist die

>> **Die Drost Unternehmensgruppe** <<

Enterprise Information Consulting GmbH von den führenden Cluster-Anbietern von Microsoft bezüglich dem Produkt Cluster-Server (Wolfpack [6]), und von NCR bezüglich dem Produkt Lifekeeper für Windows NT autorisiert in der Lage, Kunden neutral zu bedienen.

Was ist nun ein Cluster für Windows NT ? Was bringt er an Verbesserungen und wie funktioniert er ?

---

[6] Wolfpack ist der Entwicklungsname, den Microsoft intern dem Cluster - Server gegeben hat

>> Das Produkt „Cluster" <<

2 Das Produkt „Cluster" [7]

2.1 Warum gibt es den Cluster?

Der Cluster findet seit 15 Jahren im UNIX [8]-Bereich seine Berechtigung. Dort sind die EDV- Systeme im Vergleich zum NT-Umfeld preislich deutlich höher anzusiedeln. Somit überlegte man sich in diesem Bereich bereits vor vielen Jahren, wie man die Kosten eines Stillstandes des EDV-Systems durch geschickte Routinen und Absicherungen des Systems gegen Stillstand minimieren könnte. Neben externen Zusatzgeräten wie Stromausfall-absicherungen und Datensicherungskonzepten, wie etwa Datensicherung auf ein Streamerband [9], stellte sich auch der „geclusterte" Rechnerverbund heraus. Dabei werden 2 bis N-Systeme zu einem virtuellen System, genannt Cluster, zusammengefügt und mit dementsprechender Software, welche das Management der Daten und Anwendungen bezüglich des Clusters übernimmt, versehen. Nun ist der UNIX-Markt bereits erschöpfend gedeckt mit Lösungen und Herstellern, welche eben diese Technologie dem Kunden feilbieten, um sein EDV-System durch erhöhte Verfügbarkeit, Skalierbarkeit [10] und der Fähigkeit eines besseren EDV-System-Managements zu bereichern. Jedoch würdigte der NT-Bereich mit seinen Sonderangeboten für EDV-Systeme verglichen mit denen der UNIX-Welt, bisher keineswegs die Bemühungen der IT-Branche [11] nach höherer Verfügbarkeit, liefen bisher doch recht wenig Anwendungen auf einem Server, welche permanente Systemverfügbarkeit voraussetzten.

Doch das beginnt sich gerade im Zuge der permanenten Verfügbarkeit im Bereich „Serverdienste" zu ändern. Neue Technologien und Instrumentarien stehen bereit, an die Tür der NT-Welt zu klopfen, fordernd nach permanenter Systemverfügbarkeit. Das sind Technologien, wie Data Warehousing, bei welchem riesige Datenbanken zu einem Datenpool verknüpft werden, um z. B. genauere Aussagen über das Kaufverhalten eines Kunden machen zu können. Gereichend der Virtuellen Unternehmung [12] steht das Electronic Commerce, mit welchem schon heute ein riesiger Markt über das Web adressiert wird.

---

[7] In diesem Abschnitt sind die Informationen aus den sämtlichen Internetquellen des Literatur-verzeichnisses eingearbeitet

[8] UNIX ist ein Betriebssystem

[9] Ein Streamerband ist ein Magnetband, kassettenartig, um digitale Daten darauf zu speichern

[10] Skalierbarkeit meint, die bessere Abstimmung des Systems auf die Anwendung.

[11] Unter IT - Branche versteht man die Informationstechnologiebranche

[12] siehe Stichwortverzeichnis

>> Das Produkt „Cluster" <<

Zieht man nun neuste Betriebssystem-Verkaufsprognosen heran, eine aktuelle ist sicherlich die der International Data Corporation (IDC) vom September 1996, so zeigt das Schaubild, daß bei den Betriebssystemlizenz-Verkäufen der Trend ‚weg von UNIX hin zu NT geht. Das läßt sich auf die deutlich günstigeren Systempreise zurückführen aber auch durch, die sich den UNIX-Anwendungen angleichende Funktionalität begründen.

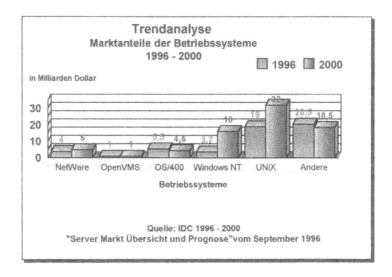

Abbildung 5: Marktanteile der Betriebsysteme 1996 - 2000 [13]

Die anderen Betriebsysteme wie Open VMS von Digital, NetWare von Hewlett-Packard oder IBM´s OS/400 einmal außen vor gelassen, prognostiziert das Schaubild für Windows NT eine Verdreifachung im Gegensatz zu einem 68 %-Anstieg von UNIX voraus.

Um nun diesem, im Aufbruch befindlichem Markt gerecht werden zu können, werden bestehende UNIX-Technologien in den NT-Bereich portiert. Denn auch hier bestehen hohe Kostenpotentiale bei Systemstillstand, welche es zu senken gilt.

Denn ein System, welches stillsteht bedeutet den Verlust von Kunden, Umsatz, Daten und Produktivität. Gerade mit dem Cluster-Prinzip läßt sich die bestehende Systemverfügbarkeit auf nahezu 100 % erhöhen. Neben der besseren Beherrschbarkeit des EDV-Systems kann auch die Skalierbarkeit erhöht werden.

---

[13] Vergl. IDC: Server Market Review and Forecast 1994-2000. Report 12215

>> Das Produkt „Cluster" <<

2.2 Wie funktioniert ein Cluster? [14]

Ein „Cluster" ist eine Gruppe von kompletten Standardsystemen, die zusammen als vereinigte Recheneinheit arbeiten und die Illusion eines Rechners, eines einzigen Systems, schafft. Der Ausdruck „kompletter Computer", der gleichbedeutend ist mit „Node" (Knoten), bezeichnet ein System, welches eigenständig arbeiten kann, unabhängig vom Cluster.

Es sei bemerkt, daß es 2 Formen eines Clusters gibt, den Performance-Cluster [15] und den Security-Cluster [16]. Der Performance - Cluster sei an dieser Stelle nur kurz erwähnt, da seine Intention rein die Performancesteigerung ist und als Voraussetzungen dafür Anwendungen benötigt werden, die das Prädikat „Cluster-aware" [17] tragen. Das bedeutet, daß sie von Mehrprozessormaschinen durch verschiedenen Prozessoren gleichzeitig bearbeitet werden können. Diese Anwendungen sind aber im NT-Bereich bis auf das Produkt „Oracle Parallel Server" [18] noch nicht verfügbar.

Der Security-Cluster besteht aus wenigen wichtigen Baugruppen, welche die Ausstattung und die Hochverfügbarkeit des Systems beeinträchtigen. Wenn man den Cluster beschreiben will, sind folgende Teilaspekte/Konzepte von entscheidender Bedeutung:

- Hauptspeicherverwaltung
- Clusterkonzept
- Externe Datenverwaltung
- Hardwareverbindung

2.2.1 Hauptspeicherverwaltung

Der Cluster beinhaltet weitestenteils nur ein Hauptspeicherverwaltungskonzept, nämlich das des „shared-memory". Beim Geteilten-Hauptspeicher-Prinzip schreiben beide Rechner in einen Hauptspeicher. Verliert nun eines der beiden Systeme die

---

[14] Übergabe der Server-Kontrolle. ‚NT-Magazin 10/97
[15] Performance-Cluster ist ein Clustertyp, welcher auf Geschwindigkeit getrimmt ist
[16] Security-Cluster wird dagegen eindeutig nach sicherheitsspezifischen Kriterien konfiguriert
[17] siehe Stichwortverzeichnis
[18] Datenbankanwendung von Oracle, die den simultanen Zugriff und das Laden durch mehrere Prozessoren gleichzeitig erlaubt

>> Das Produkt „Cluster" <<

Funktionsfähigkeit, kann der andere Rechner dessen Daten auslesen und auf seinem Datenspeicherungsmedium zwischenspeichern. Die Daten sind somit nicht verloren. Dabei ist es unerheblich, ob es mehrere physische oder nur einen physischen Hauptspeicher gibt. Ein Beispiel dafür ist NCR´s OctaSCALE [19] -8 Way (Prozessoren)-Technologie, bei der gleich 8 Prozessoren, gepaart zu 2 x 4 Prozessoren in **einen** virtuellen, aber 2 physischen Hauptspeicher schreiben und aus diesem lesen.

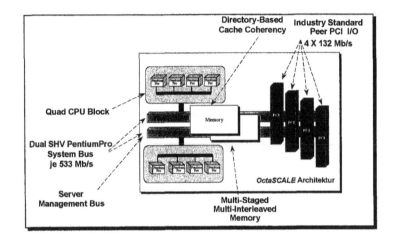

Abbildung 6: Abbildung der OctaSCALE-Technologie

2.2.2 Das Clusterkonzept

Ein Clusterverbund besteht in seiner kleinsten Ausprägung aus zunächst 2 Systemen und kann 3 verschiedene Erscheinungsformen haben:

1. **Aktiv/Aktiv:** Alle beiden Systeme, genannt Knoten, verrichten eigenständige Arbeit. Fällt ein Knoten aus, übernimmt der andere dessen Benutzer und die Aufgaben. Diese failover [20]-Zeit liegt zwischen 15 und 90 Sekunden.. Zusätzlich besteht die Möglichkeit, den Service nach Wiederherstellung an den ursprünglichen Server wieder zurückzugeben. Diese Aktion wird „failback" oder „switchback" genannt.

---

[19] OctaSCALE ist NCR´s Entwicklung eines 2 x 4-Prozessorensystems, welches nach außen hin als ein System fungiert

[20] failover ist der Übernahmeprozeß

>> Das Produkt „Cluster" <<

2. **Aktiv/Passiv**: Der primäre Knoten verrichtet Hauptarbeit. Der sekundäre Knoten steht zur Sicherung des primären Knotens bereit und wartet auf den Ausfall. Ist der primäre Knoten ausgefallen, übernimmt der sekundäre Knoten dessen Aufgaben. Der Unterschied ist, daß das sekundäre System keine wichtigen Aufgaben zu tun hat. Die Übernahmezeit ist gleich der, der Aktiv/Aktiv-Konfiguration.

3. **Fehlertoleranter Cluster**: Hier ist der Cluster selbst nur eine Komponente innerhalb eines (weitgehend) ausfallsicheren Systems. Andere Komponenten sind redundante Netzteile, unterbrechungsfreie Stromversorgungen, Mehrprozessormaschinen und Raid-Subsysteme [21]. Dabei erreicht der fehlertolerante Cluster eine · Systemverfügbarkeit von 99,999 % und eine Übernahmezeit von weniger als einer Sekunde.

2.2.3 Externe Datenverwaltung

Bei der externen Datenverwaltung gibt es 2 verschiedene Konzepte:

* „shared-disk"
  * softwarebasiertes Raidverfahren
  * hardwarebasiertes Raidverfahren
* „shared-nothing"
  * switching
  * redundancy

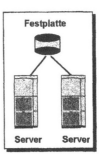

Abbildung 7: Modell: Shared-disk

---

[21] Ein Raid-Subsystem ist ein Datensicherungssystem mit einigen Festplatten, welches Datensicherung mit dem Raidkonzept betreibt.

>> Das Produkt „Cluster" <<

Beim „shared-disk"-Modell werden die Daten auf einen gemeinsamen Datenträger geschrieben. Durch den Umstand des gemeinsamen Zugriffs wird auch ein Zugriff- steuerungstool notwendig, der Distributed Lock Manager. Er steuert den Zugriff beider Systeme auf ein und dieselben Daten. Die Synchronisation von Zugriffen ist natürlich mit zusätzlicher System- und Netzlast verbunden. Des weiteren ist hier nur ein gemeinsamer Datenspeicherungspool vorhanden. Somit sind ausgefeilte Sicherungskonzepte wie das Raidverfahren erforderlich.

Das Raidverfahren kann software- wie auch hardwarebasiert Anwendung finden. Der einzige Unterschied besteht darin, daß bei der hardwarebasierten Lösung zusätzliche Datensicherungsprozessoren dem Systemprozessor Prozessorlast abnehmen. Beim Raidverfahren gibt es nun verschiedene Sicherheits-Levels: [22]

Raid 0 bedeutet, daß der Controller [23] die Datenblöcke abwechselnd auf die verschiedenen Speichermedien schreibt, um bei einem Ausfall einer Festplatte möglich wenig Daten zu verlieren.

Bei **Raid 1** wird für jedes Laufwerk ein zweites identisches Modell zur Datenspiegelung benutzt. Beim Schreiben schreibt der Controller die Datenblöcke parallel auf beide Festplatten. Dieses Vorgehen wird allgemein als „mirroring" bezeichnet.

Bei **Raid 5** nun nehmen wir an, der Verbund bestehe aus fünf Festplatten. So schreibt nun der Controller den Datenblock, dieser besteht aus der eigentlichen Information und der Wiederherstellungsinformation (parity) nicht auf ein Medium. Vielmehr verteilt er diese beiden Informationen so geschickt, daß sich bei Verlust der ersten Festplatte die Daten anhand der parity-Informationen von Festplatte 2 bis 5 komplett wiederherstellen lassen.

Neben diesen vielbenutzten Levels, gibt es auch noch die mittlerweile veralteten und umständlicheren Raidlevels 2, 3 , 4, auf die aber, wie auch auf die herstellereigenen, nicht standardisierten Raidlevels einzelner Anbieter, nicht näher eingegangen werden soll.
Ganz anders ist die Vorgehensweise beim „shared-nothing" - Modell.

---

[22] Vergl. Wittmann, Thomas: Raid im Überblick, PC Direkt Spezial SCSI 98 und Kröger, Michael: ....steht nicht im Katalog, Wirtschaftswoche 12/98 S. 200-203
[23] Controller ist die Komponente im Computer, die Schreib- und Lesezugriffe steuert

>> Das Produkt „Cluster" <<

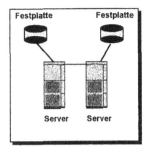

Abbildung 8: Shared - Nothing - Modell

Es ist jede Festplatte zu jedem Zeitpunkt nur einem System zugeordnet. Der Synchronisationsaufwand entfällt. Im Fehlerfall kann eine Zuordnung dieser Ressource zu einem anderen Server erfolgen, der die Aufgaben des ausgefallenen Systems übernimmt. Diese Vorgehensweise nennt man „switching". Dabei wird mittels des gemeinsamen SCSI - Busses auf die Disk des Problemknotens zugegriffen.

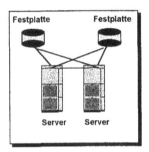

Abbildung 9: Redundantes System

Noch höhere Datensicherheit bietet die Redundanzlösung. Hier werden die Daten gleichzeitig auf die Festplatten der 2 Knoten geschrieben.

2.2.4 Die Hardwareverbindung zweier Systeme im Cluster

Beide Systeme innerhalb eines Clusters müssen mit einer Verbindung, genannt Heartbeat, verbunden werden. Über diese Verbindung kommunizieren die beiden Systeme miteinander. Über diese Leistung wird auch die erste Reaktion des Ersatzservers initiiert. Dies wird versucht, hatte der erste Server ein Problem mit der Applikation. Ist diese Maßnahme erfolglos, ist entweder ein Teilsystemfehler oder ein Komplettsystemfehler vorhanden.

>> Das Produkt „Cluster" <<

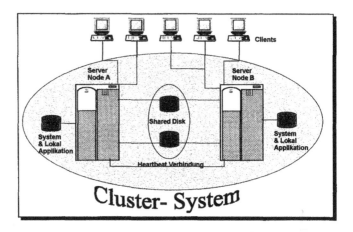

Abbildung 10: „Geclustertes"-Client-Server-System ohne Probleme

Hier wird über den Heartbeat sämtliche Services des ersten Servers auf den zweiten gelegt und die User durch den Backup-Server versorgt. Abschließend kann man an folgendem Bild die 4 beschriebenen Mosaicsteine in Interaktion miteinander sehen:

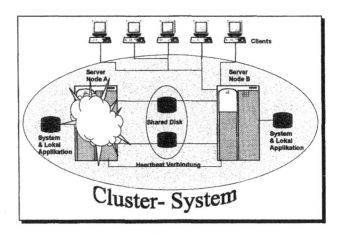

Abbildung 11: Cluster-Node B hat die Ressourcen auf sich gezogen und gewährleistet somit die Dienste des Node A und die des Node B

>> Das Produkt „Cluster" <<

In dem oberen Schaubild kann man sehen, daß die ersten zwei Clients [24] in diesem geclusterten Client-Server-System vom Cluster-Server A einen Dienst in Anspruch nehmen. Ebenso greift Client 3, 4 , 5 auf Ressourcen des Server-Nodes B zurück. Die Daten werden hier zentral auf 2 Shared Disks abgelegt, während die System- und Applikationsdaten lokal auf einer eigenen Disk [25] gehalten werden. Nun erfolgt ein Systemabsturz auf Server Node A. Server Node B erfährt diesen Status über die Heartbeat Verbindung und versucht in der ersten Stufe eine Wiederherstellung des Server Node A. Dieses mißglückt. Nach dreimaligem, gescheiterten Versuch geht er in dem Recovery- Skript [26] weiter und zieht die Ressourcen auf sich und alarmiert den Systemadministrator. Das System A kann repariert werden, ohne daß die Clients auf diesen Dienst verzichten müssen oder der Client gar nicht mehr arbeiten kann.

Das Cluster Konzept kann für unterschiedliche Kundengruppen unterschiedlichste Konfigurationen enthalten. Es gibt nicht so viele Anbieter wie Kombinationsmöglichkeiten der Komponenten. Das liegt daran, daß Microsoft in der Entstehungsphase des Cluster für Windows NT, welcher die interne Bezeichnung „Wolfpack" von Microsoft erhielt, ein Jahr vorher die größten Technologieträger mit in die Produktentwicklungsgruppe integrierte. Zu diesem Hauptkern zählen neben Microsoft die Firmen IBM, Compaq, Tandem, Digital, NCR, Hewlett-Packard und Intel. Jedoch sind die von den Firmen entwickelten Lösungen fast alle nur mittelmäßig und ragen meistens nur in einem Teilpunkt heraus, weil diese Lösungen nicht vollständig auf Microsoft´s Wolfpack angepaßt sind.

Ganz anders ist da Microsoft und NCR am Markt zu positionieren. NCR als bestes unter den derzeit verfügbaren Erzeugnissen und Microsoft, welcher die Grundsoftware in der Windows-NT-Enterprise-Edition ausliefert, einigten sich vor kurzer Zeit auf einen Vertrag, nach welchem in Zukunft eine engere Zusammenarbeit zwischen den beiden Firmen stattfinden soll. Insider meinen, daß sogar größere Teile von NCR´s Cluster-Produkt Lifekeeper einer größeren Kundenmenge in Windows NT 5 zugänglich gemacht werden soll. Was unterscheidet die beiden Produkte und warum stellt Lifekeeper eine Erweiterung für den Cluster dar? Was ist nun der Microsoft Cluster Server ?

---

[24] siehe Stichwortverzeichnis
[25] siehe Stichwortverzeichnis
[26] Recovery-Script ist eine Prozeduranweisung, welche der Rechner ausführt, um den anderen Rechner des Clusters wiederherzustellen

>> **Microsoft Cluster Server (Wolfpack)** <<

3 Der Microsoft Cluster Server („Wolfpack")[27]

3.1 Produktbeschreibung

Die Kerngruppe, welche seit einigen Jahren unabhängig voneinander eigene Cluster-Lösungen zeigt, hat ungefähr ein Jahr vor der Veröffentlichung von Wolfpack vereinbart, ihr Know-how zusammen mit Microsoft in eine Initiative einzubringen, um eine Anbieter-unabhängige Norm für NT-Server-Cluster auszuarbeiten. Dabei arbeitete Microsoft eng mit Hardware-Anbietern, Software-Anbietern und Kunden an der Spezifikation und der Entwicklung von Microsoft Cluster Server (MCSC) und an seiner API [28].

1. Strategische Allianz: Microsoft formte strategische Allianzen mit 2 Vorreitern im Bereich der Cluster Technologie: Digital und Tandem. Dadurch bekam Microsoft Zugang zu bewährten Cluster-Produkten und deren Technologie.

2. Begonnen mit der Ankündigung vom MCSC-Projekt im Oktober 1995 arbeitete Microsoft eng zusammen mit den 6 führenden Anbietern im Cluster-Segment, welche Unterstützung, eine Dokumentation und Beispiel-Konfigurationen für den MCSC anbieten konnten. Das waren Compaq, Digital, HP, IBM, NCR und Tandem.

3. Immer, wenn Microsoft ihre Win32-API [29] erweitert, als sie es mit MCSC tat, kreiert Microsoft eine Beteiligung im Offenen-Prozeß-Programm. Hier wird entwickelt und geprüft, ob die erhaltene Schnittstelle robust, komplett und brauchbar ist. Es engagierten sich über 60 Firmen zwischen Januar und Juli 1996.

4. Microsoft lieferte erste Kopien eines Software Development Kits [30] an die 60 „Offene-Prozeß-Partner" und zudem an weitere 2000 Entwickler im November 1996 auf der Microsoft Professional Developers Conference.

---

[27] Vergl. die Informationen aus den sämtlichen Internetquellen des Literaturverzeichnisses
[28] Application Programming Interface = Schnittstelle, über welche der MCSC mit einer Anwendung kommuniziert
[29] siehe Stichwortverzeichnis
[30] Software Development Kit ist die komplette Dokumentation und Programmcode, um basierend auf dem Kit Software zu entwickeln, welche darauf aufsetzt.

>> Microsoft Cluster Server (Wolfpack) <<

5. MCSC Beta1 wurde im Dezember 1996 an über 350 Anbieter oder Kunden verteilt. Die Beta2 ging im April 1997 über 750 Personen zu. Im Juli 1997 schließlich wurde die Beta3 als feature [31] im Windows-NT-Server-Enterprise-Edition-4.0-Beta2-Paket [32] 2.100 Personen zugänglich gemacht.

„Wolfpack" beschreibt ein Set von „Cluster"-spezifischen API´s, NT-Cluster-Support und eine Cluster-Lösung, was bedeutet, daß ein Hersteller behaupten kann, sich an „Wolfpack" anzulehnen, während er auf einer anderen Ebene mit der Wolfpack-Lösung konkurriert.

3.1.1 Anwendungssteuerung im Cluster

Anwendungen können clusterspezifisch gestaltet werden, indem das „Wolfpack API " aufgerufen wird. Die Funktionen, auf die das API zurückgreift, können

- **die Fehlerbehebung beschleunigen**
- **Maßnahmen zur z. B. vorsorglichen Benachrichtigung der Benutzer im Falle eines „Failovers" ergreifen**
- **Neustart und die Installation von Nicht-Standard-Ressourcen**
- **Anwendungsfehler, kleiner als ein einfacher Absturz oder Lock-up [33] überwachen und entdecken**

Das Wolfpack API bewirkt, daß Anwendungen eine höhere Skalierbarkeit und eine dynamische Ausbalancierung der Kapazitätsbelastung in einem Cluster erreichen.

3.1.2 Cluster - Support

Cluster-Support macht alle NT-Anwendungen „Wolfpack" gerecht, das heißt, sie laufen auf einem Server, mit „Wolfpack", ebenso wie auf einem Server, ohne „Wolfpack" und „Wolfpack" wird die „basic failover recovery" [34] jeder NT-Server-Anwendung übernehmen, ohne, daß die Anwendung modifiziert werden muß. „Wolfpack" handhabt

---

[31] feature ist eine herausragende Funktion

[32] Das ist eine spezielle Vorversion des NT-Server-Betriebssystems für die Industrie

[33] Lock-up bedeutet ein „sich aufhängen", das heißt das Programm wartet auf eine Bestätigung des zu bearbeitenden Programms, welche aber nicht kommt

[34] basic failover recovery = Grundinstandsetzungsroutine

>> Microsoft Cluster Server (Wolfpack) <<

den Failover einer nicht modifizierten Anwendung, indem es sie einem wrapper dynamic link [35] (DLL) übergibt, die den Cluster Manager über die Existenz der Anwendung informiert und einen Herzschlag (Heartbeat) erzeugt (eine Überprüfung des anderen Cluster-Servers und seine Reaktion in regelmäßigen Abständen), sodaß „Wolfpack" feststellen kann, ob die Anwendung abgestürzt ist oder sich aufhängt.

3.1.3 Einführung von Wolfpack

Microsoft wird Wolfpack in zwei Phasen liefern:

Phase1

Phase 1 ist ein 2-Node-Availability-Cluster, wobei die Cluster erweiterbar sind. Der nächste Schritt bei Phase 1 (ursprünglich vorgesehen für das dritte Quartal 1997) wird ein offenes Zertifizierungsprogramm sein, mit dem Ziel, den Markt für „Zwei-Node-Cluster-Lösungen" zu erweitern und NT-Server-Kunden eine größere Wahlmöglichkeit zu bieten. Microsoft hat sich auch dazu verpflichtet, „Wolfpack" auf Intel- und Alphaprozessoren zur Verfügung zu stellen. NT Server wird „Wolfpack" wahrscheinlich ohne Aufpreis enthalten.

Phase 2

Es zeigt sich die Notwendigkeit erweiterbarer Cluster. Diese Cluster ermöglichen, daß mehr als ein „Node" in einem Cluster am gleichen Problem arbeitet. Diese Fähigkeit, „application striping" genannt, entspricht den „RAID redundant Arrays" (Datenblöcke welche aus eigentlicher Information und zusätzlicher Wiederherstellungsinformation bestehen) von preisgünstigen Festplatten, die an einem Datenset arbeiten, indem sie „data striping" durchführen. Erweiterbare Cluster würden die Leistungs- und Skalierungsanforderungen großer Anwendungen und Datenbanken erfüllen.

Phase 2, angekündigt für Mitte 1998, wird mehr als 2 Nodes unterstützen, bis zu 16. Daraus resultiert eine wesentlich größere Skalierbarkeit und Flexibilität der Anwendungen, als das bei einem „2-Node-Cluster" der Fall ist. Dazu kommt, daß bis zu 32-Way [36] SMP Computer unterstützt werden.

---

[35] wrapper dynamic link ist eine spezielle Treiberdatei, welche dem Empfänger die Existenz des zu meldenden Programms übermittelt

[36] 32 Way SMP bedeutet 32 Prozessoren, welche nach einem Simoultaneous Multi Processing arbeiten

>> Microsoft Cluster Server (Wolfpack) <<

3.2 Funktionsbeschreibung

Anwendungen, Serverdienste oder Komponenten, die auf dem Server laufen, nennt man Ressourcen. Die Kommunikation zwischen dem Ressourcen- Monitor und den Ressourcen wird durch die Ressourcen-Module (DLL [37]) sichergestellt. Diese bemerken jede Statusänderung und melden diese dem Ressourcen Monitor, welcher es an den Cluster-Dienst weitergibt. Der Cluster- Dienst besteht aus 6 eng miteinander agierenden Komponenten.

- Der **Node Manager** bewerkstelligt die Cluster-Zugehörigkeit und kümmert sich um die Betriebsbereitschaft des Clusters.

- Der **Konfigurations Datenbank Manager** betreut die Cluster Konfigurations Datenbank.

- Der **Ressourcen Manager/Failover Manager** macht alle Entscheidungen bezüglich des Management der Ressourcen/Gruppen und leitet die direkten Aktionen, wie „Anwendung starten", „Anwendung neu starten" oder „failover", ein.

- Der **Aktionsprozessor** verbindet alle Komponenten des Cluster-Services miteinander, führt gemeinsame Operationen aus und kontrolliert den Cluster-Service-Start.

- Der **Kommunikations Manager** bewerkstelligt die Kommunikation mit allen anderen Nodes im Cluster.

- Der **„Global Update Manager"** stellt einen in der obersten Hierarchiestufe befindlichen Update-Service zur Verfügung, der von anderen Komponenten des Cluster-Services, zwecks Release-Wechsel bei funktionierendem und online befindlichem Cluster, genutzt wird.

---

[37] DLL = Dynamic Link Library

>> Microsoft Cluster Server (Wolfpack) <<

- **Der Ressourcen Monitor ist nicht Teil des Cluster-Services.** Er läuft in einem separaten Prozeß und kommuniziert mit dem Cluster-Service. Er zeigt den „Gesundheits"-Status von jeder Ressource.

- Der **Zeitdienst** liefert eine feste Zeit innerhalb des Clusters, stellt aber eher eine Ressource dar. **Er ist somit nicht zugehörig zum Cluster-Dienst.**

Jeder Node kann ein oder mehrere Ressourcen Monitore haben. Während eines „Failovers" bringt MSCS jede Ressource online in einer speziellen Weise, so wie, als sie gestartet wurde, aufgezeichnet wurde. MSCS kennt verschiedene Arten von Ressourcen, diese wiederum muß man zu verschiedenen Ressourcengruppen zusammenfassen. Jede Clusteroperation bezüglich einer Ressource wirkt sich auf alle Ressourcen innerhalb einer Gruppe aus, z. B. wenn eine Ressource von Node A nach Node B verlegt wird gilt dies für die ganze Ressourcengruppe.

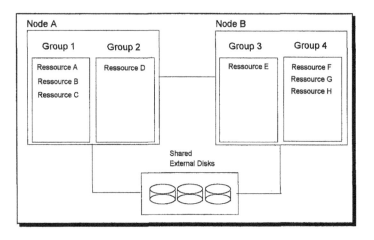

Abbildung 12: Beispiel von MSCS-Gruppen

Die Gruppe hat verschiedene Modi. Entweder eine Gruppe ist online, Off-Line oder teilweise online. MCSC benutzt TCP/IP [38] um mit Netzwerkanwendungen und Ressourcen zu kommunizieren. Bei einem Ressourcenfehler verständigt der Ressourcenmonitor den

---

[38] TCP/IP ist ein weitverbreitetes Übertragungsprotokoll im Netzbereich

>> Microsoft Cluster Server (Wolfpack) <<

Clusterservice, welcher die Aktionen einleitet, die in der „failover"-Politik für diese Ressource stehen. Ein „failover" besteht aus 3 Teilen:

- Fehlererkennung
- Ressourcenverlegung
- Anwendungsneustart

Wenn der „failover" erfolgreich von statten gegangen ist, wird ein, vorausgesetzt es handelt sich um eine Active/Active-Konfiguration, „failback" durchgeführt. Das bedeutet, die Ressource wird auf dem wiederhergestellten Serverknoten online gebracht. Ist der ursprüngliche Server nach mehreren „Restart"-Versuchen immer noch wiederherzustellen, wird die Ressource an einen anderen Knoten übergeben.

>> Das Produkt „Lifekeeper" von NCR <<

4 Das Produkt „Lifekeeper" [39]

4.1 Produktbeschreibung

Die Firma NCR, bekannt wurde die Firma vorrangig durch die Herstellung computergestützter Kassenanlagen, entwickelte das Produkt „Lifekeeper" um Funktionalität zu dem Basisprodukt „Cluster-Server" von Microsoft hinzuzufügen. Sie war damit der erste Hersteller von hochverfügbaren Cluster Produkten.

Während der „Cluster-Server" von Microsoft eher den konventionellen Markt im Bereich Hochverfügbarkeitslösungen anstrebt, sieht sich NCR mit dem Produkt „Lifekeeper" eher im gehobeneren Genre präsent. Denn „Lifekeeper" kann zum einen, aufgrund der Kompatibilität, in jedes Cluster-System eingebunden werden, welches unter Windows NT läuft und bereichert zum anderen die Basisfunktionen um wirklich funktionale Routinen. Das bedeutet in höchstem Maße Investitionsschutz für die bisher getätigten Investitionen, denn Lifekeeper ist voll kompatibel zu den API's von Microsoft Cluster Server. Dazu gibt es z. B. aufsetzend auf dem 2-Node-Security-Cluster von Microsoft die Möglichkeit bis zu 16 Systeme in einem Cluster-Verbund zu integrieren, um so einen gegenseitigen Ausfallschutz/ Backup der Serverapplikationen gewährleisten zu können. Hierbei ist es unerheblich, ob in dieses System angrenzend UNIX-Maschinen, z.B. Sun-Solaris-Rechner, angehängt werden, denn Lifekeeper findet seinen Ursprung in der UNIX-Welt. Parallel zu NT-Versionen wird auch eine UNIX-Variante released [40].

Zudem kann nach einem „failover" ein „swichback" oder „failback" automatisch, z. B. nach einem Problem mit dem System, oder manuell durch den Systemadmistratoren, z. B. bei einem Updatevorgang der Betriebssoftware, erfolgen.

In Verbindung mit NCR's Middleware [41]- und Raidtechnologie kann die Anwendungsverfügbarkeit bei Bedarf bis zu 99,99 % in die Klasse der Fault Resiliende (Fehlerrobustheit) gehoben werden.

---

[39] Vergl. die Informationen aus den sämtlichen Internetquellen des Literaturverzeichnisses
[40] Release = Ausgabe, Version
[41] Middleware ist ein Bereich, in dem mittlere EDV-Lösungen angewendet werden.

>> Das Produkt „Lifekeeper" von NCR <<

Das Schema zeigt die verschiedenen Klassen im Bereich der Verfügbarkeit.

		Beschreibung Pro Ausfall	Downtime Pro Jahr	Downtime
	CP ~100.00%	Redundante Systeme Transparente Applikationen	Keine	0
	FT 99.9999%	Redundante Architekturen und Komponeneten	minimalst	.5-50
	FRS 99.99%	Mehrere Maschinen oder Komponenten, Recovery-Mechanismen, Auto System Check, Single Point Admin.	Sekunden bis Minuten	50-500
	HA 99.9%	Eingegrenzte Redundanz (z.B Disk Spiegelung) Software Fault Handling	Minuten	500-10,000
	NCA 99.0%	Standard Systeme ohne Redundanz	10,000-50,000	Stunden

Abbildung 13: Die Klassen der Systemverfügbarkeit

Als nächstes Feature bietet „Lifekeeper" die größte Auswahl an Recovery Scripts [42]. So gibt es Scripts zu TCP/IP, LAN Manager, Microsoft SQL-Server, Microsoft Exchange, Lotus Notes, Oracle, Adabas, Sybase, Informix, PeopleSoft, SAP R/3, Netscape Enterprise Server und dazu noch die Möglichkeit, durch Script-Tools die Applikationen, die nicht clusterfähig sind problemlos an die Clustersoftware anzupassen.

Lifekeeper ist auch das bisher einzige Cluster-Produkt im NT-Bereich, welches einen „cascading failover" erlaubt. Das bedeutet, daß als zweiter oder Backup-Server nicht nur ein Server angegeben werden kann, sondern, daß wie bei einer Dominosteinreihe verschiede Backup-Server konfiguriert werden können. Das erhöht die Systemsicherheit gewaltig, denn fällt der erste Server aus, versucht der zweite Server eine Übernahme und Gewährleistung der Dienste. Fällt dieser jedoch auch aus, können bisher nur bei Lifekeeper, 14 andere Server eine Übernahme der Dienste und somit eine Aufrechterhaltung des Dienstes versuchen.

---

[42] Recovery Scripts stellt eine vordefinierte Routine dar, wie das System sich bei einem Absturz bezüglich einer speziellen Anwendung zu verhalten hat

>> Das Produkt „Lifekeeper" von NCR <<

Ein zusätzlich herausragender Punkt bei Lifekeeper sind die Recovery Modi, das sind die Möglichkeiten oder Optionen eines Clusters, um Fehlerfälle einer Ressource oder eines Rechners innerhalb eines Clusters zu bearbeiten. Dies sind folgende:

1. **Lokale Recovery :** Das ist die Möglichkeit, Prozesse oder Services lokal neu aufzusetzen, falls diese Fehler verursachen.

2. **Parallele Recovery :** Ressourcen werden parallel „recovered" oder in Service gebracht. Diese Option ist einschaltbar.

3. **Wide Area Failover :** Lifekeeper zusammen mit seiner Extended Mirroring-Technologie kann das WAN ausreichend schützen und den Fehler behandeln.

4. **Multi Direktional :** Verschiedene Anwendungen können für den Fehlerfall auf unterschiedliche Server gelegt werden.

5. **Kaskadierender Ausfall :** Wurde vorher schon erläutert.

6. **N-facher failover :** Prioritätengesteuert werden Anwendungen anderen Servern übergeben

Besser ist Lifekeeper auch im Bereich der Erkennungsmechanismen. Einer der kritischsten Komponenten eines Clusters ist der Heartbeat. Während MCSC einen Heartbeat nur über SCSI oder LAN erzeugen kann, stellt Lifekeeper zudem die Möglichkeit der Hearbeatgenerierung über RS232 und **verschiedene LAN's** zur Verfügung.

MCSC setzt auf Windows NT Server Enterprise Edition auf, Lifekeeper unterstützt Windows NT 3.51 und höher neben der UNIX-MP-RAS-Funktionalität.

Man kann also unschwer erkennen, daß Lifekeeper die Grundvorraussetzungen mitbringt und zudem die Basis, nämlich MCSC vollstens unterstützt. Darüber hinaus sieht sich Lifekeeper in der Lage vielen Features ein weiteres oben auf zu setzen und ist damit in der Lage eine breitere Masse ansprechen zu können.

Wie aber nun bewerkstelligt Lifekeeper seine Arbeit. Wie geht Lifekeeper vor, wie funktioniert Lifekeeper ?

>> Das Produkt „Lifekeeper" von NCR <<

4.2 Funktionsbeschreibung

Durch den breiten Einsatz von Microsoft Windows NT als Serverbetriebssystem und die sehr hohe Performance der entsprechenden Serverhardware wird Windows NT auch zunehmend für unternehmenskritische Applikationen und im Rechenzentrumsbetrieb eingesetzt. Damit diese Windows-NT-Installationen die Anforderungen in diesem Einsatzgebiet hinsichtlich Verfügbarkeit erfüllen können, ist entsprechende Middleware notwendig. NCR's Lifekeeper ist ein Standardvertreter dieser Middleware und liegt zwischen dem Betriebssystem, hier Windows NT, und der Applikation wie Datenbank, gängigen Standardapplikationen wie SAP R/3, Microsoft Exchange, Lotus Domino oder unternehmenseigenen Applikationen. Mit Failover wird der Vorgang bezeichnet, indem Lifekeeper im Fehlerfall die Kontrolle eines Servers oder einer Applikation eines Servers an den jeweiligen Backup-Server übergibt. Switchback ist der entsprechende Umkehrvorgang eines Failovers. Switchover ist ein bewußt eingeleiteter gewünschter Failover.

Mit Lifekeeper können mehrere Server so kombiniert und konfiguriert werden, daß sich die Server gegenseitig multidirektional beobachten und ein gegenseitiger Ausfallschutz/Backup im Clusterverbund gewährleistet ist. Dabei berücksichtigt die Software die Abhängigkeiten auf Daten- und Netzwerkebene. Im Falle des Ausfalls einer Anwendung, einer wichtigen Komponente oder gar des gesamten Systems versucht Lifekeeper zunächst eine lokale Wiederherstellung des betroffenen Systems. Ist dieses System nicht verfügbar oder verlief der Versuch erfolglos, so wird Lifekeeper dem entsprechend vorgesehenen Notfallserver die Kontrolle übergeben, der dann die Netzwerkdienste, Daten bzw. Datenbank und Applikationen wiederherstellen und wieder starten wird und somit dem Endbenutzer nahezu ununterbrochen den gewünschten Service zur Verfügung stellt. Solange kein Fehlerfall den entsprechenden Server betrifft, arbeitet der Server autark, unabhängig und in vollem Funktionsumfang. Ein Switchover kann auch für einen geplanten Shutdown sinnvoll sein, um notwendige Arbeiten am entsprechenden Server vorzunehmen bzw. einen Austausch des gesamten Systems durchzuführen und trotzdem dem Endbenutzer Service zur Verfügung zu stellen.

Nun setzt Lifekeeper auf den API's des MCSC auf, das bedeutet, daß Lifekeeper über diese API's mit der Clustersoftware des Betriebssystems kommuniziert und diese ausliest.

>> Das Produkt „Lifekeeper" von NCR <<

Lifekeeper verwendet darum verschiedene Mechanismen, um Fehlerfälle zu erkennen und zu identifizieren.

Zum einen werden zwischen den Servern Nachrichten über den Heartbeat ausgetauscht, die den jeweiligen Status der Server beinhalten. Dazu können verschiedene Kommunikationspfade verwendet werden. Neben TCP/IP WINSock Interface (Ethernet, Token Ring oder FDDI) auch RS-232 TTY und Shared SCSI.

Diese Kommunikationspfade sollten mehrfach und redundant ausgelegt sein, um unnötige Failover zu vermeiden. Sonst kann eventuell der Fall eintreten, daß aus Netzwerkproblemen (etwa Überlastung) temporär die Kommunikation zwischen den Servern unterbrochen ist und Lifekeeper davon ausgehen muß, daß der Lifekeeper-geschützte Server einen Fehlerfall hat und ein Switchover eingeleitet wird. Zum anderen kann die NCR-Lösung so konfiguriert werden, daß das Standard Windows NT Event Log ständig nach kritischen System- oder Applikationsevents geprüft und ausgewertet wird und entsprechend dem Event-Log-Eintrag ein Failover eingeleitet wird. Die Server sind mit gemeinsamen Disk-Arrays oder Plattenstapeln (JBOD =Just a Bunch of Discs) verbunden. Windows NT stellt keinen Schutz der gemeinsamen Daten zur Verfügung. Lifekeeper verwaltet die eingerichteten Volumes, um zu verhindern, daß mehr als ein Server auf die entsprechenden Daten und Ressourcen zugreift. Zu jedem Zeitpunkt hat nur ein Rechner Zugriff auf eine Datenmenge. Um einen Server nach einem Failover wieder in Service zu bringen muß ein Switchback durchgeführt werden. Um den richtigen Zeitpunkt wählen zu können, kann der Systemadministrator einstellen ob und wann nach dem Hochfahren des Servers dieser Rechner die Kontrolle über die vorgesehenen Applikationen wiedererlangt. Dies ist deshalb sinnvoll, da während des Switchback-Vorgangs die Applikationen für diese Endanwender nicht verfügbar sind. Jede unnötige Unterbrechung kann somit vermieden werden.

Das Ergebnis abgreifend wertet Lifekeeper also über die API's die Ergebnisse des NT Event Logs von MCSC aus. Dazu werden Hardware- oder Software-Defekte über den Hardbeat zusätzlich festgestellt. Als drittes wird über das sogenannte „monitoring" der Applikationsstatus überprüft. Somit kann meistens eine präventive Früherkennung erlangt werden. Dann ist auch nicht verwunderlich, wenn Lifekeeper in der Lage ist, Applikationen wiederherzustellen selbst, wenn die Hardware noch aktiv ist.

>> Das Produkt „Lifekeeper" von NCR <<

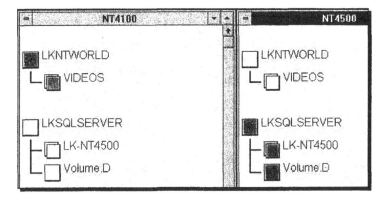

Abbildung 14: Clusterübersicht im Lifekeeper Administration Tool

In Abbildung 15 sehen wir die Übersicht des 2-Node-Clusters bestehend aus einem Rechner, genannt NT4500 und einem anderen Rechner NT4100, welche einmal gemeinsam auf eine Shared Disk zugreifen können und zum anderen über einen Heartbeat (Socket Port# 1500) verbunden sind. Beide Rechner sind grün, das bedeutet beide signalisieren sich gegenseitig Betriebsbereitschaft über den Heartbeat.

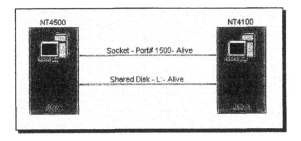

Abbildung 15: Status im Lifekeeper Hierarchie Administrations Tool

Betrachtet man nun das Hierarchie Administrations Tool von Lifekeeper, so kann man die verschiedenen Hierarchien der Rechner im Bezug auf verschiedene Applikationen erkennen. Als Beispiel ist der Rechner NT4500 das primäre System beim SQLSERVER. Der Rechner übernimmt hier die Absicherungsfunktion.

>> Das Produkt „Lifekeeper" von NCR <<

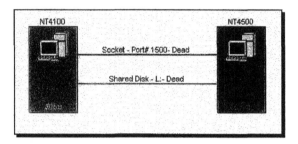

Abbildung 16: Der Rechner NT4500 erfährt einen Systemfehler, er „stirbt"

Der Cluster erfährt nun beim Rechner NT4500 einen Systemfehler. Sofort bemerkt der Rechner NT4100 über den ausbleibenden Heartbeat diesen Fehler und zieht die Ressourcen auf sich. Das folgende Bild zeigt wie eine nach der anderen Ressource auf den Backup-Server gezogen werden, den Rechner NT4100 .

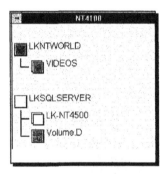

Abbildung 17: Ressourcen werden auf den Sicherungsserver gezogen

So gewährleistet man den permanenten Service im Problemfall des primären Servers. Lifekeeper ist deswegen das erwachsenere System, weil es MSCS - Funktionalität in vielen Bereichen deutlich erweitert und somit die Technologielücke zwischen UNIX und NT zu schließen vermag. Lifekeeper, der aus der UNIX-Welt in den NT-Bereich importiert wurde, steht trotz andersartiger Entwicklung als sein UNIX-Pendant dessen in Funktionalität in Nichts nach. Deswegen positioniert sich dieses Produkt von selbst im High-End-Bereich der Middlewarelösungen basierend auf dem Betriebssystem Windows NT.

>> Der Markt für High Availability <<

5 Der Markt für High Availability (HA)

Nun soll für das Produkt „Cluster-Server" im Marktsegment „Hochverfügbarkeits-lösungen" eine Kommunikationsstrategie erarbeitet werden. Bei einer Segment-Konzentration, welche sich für kleinere oder mittlere Unternehmen anbietet, da diese meist aus personellen Gründen nicht den gesamten Markt focussieren können, werden 1 oder 2 Produkte in einem Marktsegment betrachtet. Bedient man im Rahmen dieser Marktsegmentierung ausschließlich nur ein Marktsegment, so spricht man hier von konzentriertem Marketing[43].

Dieses konzentrierte Marketing wird durch ein vertikales Marketing von Seiten der Hersteller unterstützt. Vertikales Marketing, also die vertraglich geregelte Kooperation zwischen den beiden Marktpartnern, ist die Konzentration der Energien zum Vorteil aller Beteiligten.

Generell sollen hier nur die von der Drost-Unternehmensgruppe praktizierten Marketinghandlungen betrachtet werden.

5.1 Marktentwicklung und Produktplazierung

Daß der Bedarf an hochverfügbaren Systemen deutlich ansteigt, da diese Systeme von unternehmenskritischen Anwendungen, kontinuierlichen Handelssystemen, integrierten Produktionssystemen, Finanztransaktionssystemen wie auch Reservierungssystemen benötigt werden, zeigen die neusten Analysen der Fachzeitschrift Information Week in der Ausgabe 11 vom 28.5.1998.

---

[43] Vergl. Kotler, P.; Bliemel, F.: Marketing-Management, 1995, S. 45 ff

>> Der Markt für High Availability <<

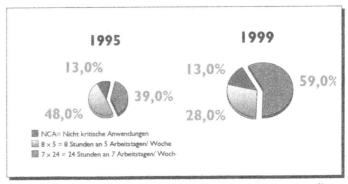

Abbildung 18 : Der Bedarf an hochverfügbaren Systemen steigt deutlich an [44]

Wie bereits in Abbildung 5 gezeigt, geht der Trend eindeutig dahin, daß immer mehr Unternehmen Windows NT als zukünftiges Betriebssystem auswählen. Mögliche Gründe dafür sind die Kostenersparnis und die bessere Leistung pro Geldeinheit im Vergleich zur UNIX-Welt. Fakt ist, daß auf lange Sicht Windows NT das vorherrschende Betriebssystem in der Client-Server-Welt sein wird. Auch steigt, wie in Abbildung 18 gezeigt, der Bedarf an ständig verfügbaren Anwendungen. Doch nun stellt sich die Frage, wie teilen sich die Hersteller von Cluster-Software den Markt untereinander auf ?

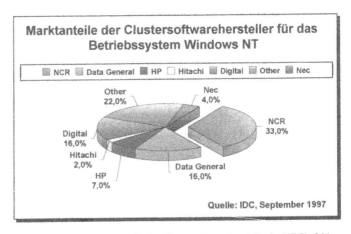

Abbildung 19: Marktanteile der Clustersoftwarehersteller im NT-Umfeld

---

[44] Vergl. Grafik aus der Fachzeitschrift Information Week, Ausgabe 11 vom 28.5.98, S. 42

>> Der Markt für High Availability <<

Zu der obigen Grafik muß erläuternd hinzugefügt werden, daß Microsoft selbst in der aktuellen Version des Windows-NT-Enterprise-Edition-Paketes [45] eine Clustersoftware integriert hat. Diese ist aber eher im unteren Marktbereich anzusiedeln, da die Clusterlösung mit wenig Funktionen eher nicht so anspruchsvolle und komplizierte Netzwerke zu schützen in der Lage ist.

Ganz anders ist das Produkt „Lifekeeper" der Firma NCR, das als Marktführer im Bereich der Zusatzprogramme, also Clusterlösungen, welche nicht in das Betriebssystem integriert sind, anzusehen ist. Der 33 %-Marktanteil, laut IDC, ist ein direktes Resultat der vielseitigen Funktionalität und der beliebigen Anpassungsmöglichkeit, sowie vielen anderen Möglichkeiten, welche ja bereits im ersten Teil dieser Ausarbeitung hinreichend beschrieben wurden. Daher ist diese Clusterlösung als High-End-Lösung in dem Marktsegment „Hochverfügbarkeitslösungen" für das Betriebssystem Windows NT zu plazieren.

5.2 Konkurrenzsituation

Die Drost Unternehmungsgruppe nimmt aufgrund fundierten Kenntnissen bezüglich der Clustersoftware von Microsoft wie auch im Hinblick auf das Produkt Lifekeeper in diesem Teilbereich eine Monopolstellung ein, da sie die Kunden neutral zu bedienen weiß. Direkte Konkurrenten, sind nach aktuellem Stand (Mai 1998) nicht vorhanden.

---

[45] siehe Stichwortverzeichnis

6 Die Marketingkommunikation der Drost Unternehmensgruppe

6.1 Die Definition der Zielgruppe

Wie bereits in Abbildung 5 festgestellt, geht der Trend in den Verkäufen der Betriebssystemlizenzen der Client-Server-Betriebssysteme eindeutig in Richtung Windows NT und stellt somit auch ein zwingendes Kriterium der Zielgruppe dar, welche die Drost Unternehmensgruppe zu adressieren versucht. Für die restlichen Eigenschaften dieser Zielgruppe bedienen wir uns eines kleinen Beispiels:

Ein fiktives Unternehmen mit 100 Mitarbeitern gliedert sich folgendermaßen auf:

- 10 Mitarbeiter (MA) arbeiten in der Debitorenbuchhaltung
- 40 Mitarbeiter sind im Verkauf tätig
- 20 Angestellte bewerkstelligen die Arbeit im Lager
- 30 Angestellte stellen den administrativen Anteil der Unternehmung dar.

h/Tag x days/week	Single Server Availability	Availability of Five-Server-Network	Downtime hours/year	Downtime hours/week	Downtime minutes/day
	99,0 %	95,1 %	152,9	2,9	35,3
12 x 5	99,5 %	97,5 %	77,2	1,5	17,8
Operations	99,9 %	99,5 %	15,6	0,3	3,6
	99,0 %	95,1 %	203,9	4	48
16 x 5	99,5 %	97,5 %	103	2	24
Operations	99,9 %	99,5 %	20,8	0,4	4,8
	99,0 %	95,1 %	429,3	8,3	70,6
24 x 7	99,5 %	97,5 %	216,8	4,2	35,6
Operations	99,9 %	99,5 %	43,7	0,8	7,2

Abbildung 20 : Ausfallzeiten laut Dataquest von 1997 [46]

---

[46] Vergl. Greafen,R.: Den IT-Ausfällen gezielt vorbeugen, Information Week 4/98, S. 40-47 und Argus, R.: IT-Kosten senken mit Methode, Information Week 6/98, S. 50-51

>> Der Markt für High Availability <<

Im Durchschnitt verdient jeder Mitarbeiter der Unternehmung inklusive Arbeitgeberanteil, Steuern und Sozialversicherung (alle Beträge, die lohnsummenbezogen sind) 6000 DM brutto. In der Firma nehmen das LAN [47]-Fax, die Mail- und Messagingdienste sowie die datenbankgestützte Warenwirtschaft mit integrierter Finanzbuchhaltung einen hohen Stellenwert ein. In der Unternehmung wird ein 2-Schicht-Modell (1 Schicht = 8h/Tag) praktiziert. Der Export-Anteil beträgt 50 % des Gesamtumsatzes.

Was passiert nun, wenn der Server ausfällt ?

In Abbildung 20 ist zu erkennen, daß ein EDV-System im Jahr ohne Hochverfügbarkeits-clusterlösung 204 Stunden stillsteht. Ein Mitarbeiter arbeitet 2080 Stunden pro Jahr. Dafür muß der Betrieb 12 x 6000 DM aufwenden. Das bedeutet, der Mitarbeiter kostet pro Stunde 72000 DM/2080 h. Das ergibt 34,6 DM/h. Diese gilt es mal 100 MA zu nehmen. Damit ergibt sich als Gesamtausfallsumme pro Stunde 3461,53 DM im Unternehmen allein an Kosten für Human Ressources.

Variante 1: Ein zu 99 % betriebsfähiges System steht 204 Stunden im Jahr still. Das ergibt Kosten in Höhe von 3461,53 DM x 204 h/Jahr = 706.153,84 DM

Variante 2: Ein durch eine Clusterlösung abgesichertes System erreicht eine Verfügbarkeit von 99,9 %. Hier werden Kosten pro Jahr in Höhe von 72000 DM fällig.

Ausfallzeiten und Geschäftskosten		Kosten für Systemaus-fall pro Stunde in Mark
Branche	**Geschäftsfeld**	
Finanzdienstleistungen	Aktien- und Rentenhandel	10
Finanzdienstleistungen	Kreditkarten/Tele Cash	4810000
Medien	Pay-per-View	277500
Einzelhandel	Home-Shopping (via TV)	209000
Einzelhandel	Versandhandel über Katalog	166500
Transport	Paketversand	51800
Reise/Tourismus	Flugreservierung	165575
		0 2 4 6 8 10 12

Abbildung 21 : Ausfallzeiten und Geschäftskosten verschiedener Branchen [48]

---

[47] siehe Stichwortverzeichnis

[48] Vergl. Grafik aus der Fachzeitschrift Information Week, Ausgabe 11 vom 28.5.98, S. 42

>> Der Markt für High Availability <<

Man sieht also, daß die Zielgruppe auch Unternehmen sind, die eine derartige Kostenentwicklung bei sich verfolgen können und versucht sind, diesen Ausfall präventiv anzugehen. Dazu kommt, daß beim Handel mit „Information on demand"[49] eine Hochverfügbarkeitslösung die einzige Absicherung ist, nicht aus dem „Business" verdrängt zu werden.

Doch sind es nicht immer Ausfallkosten, die entstehen können. Man stelle sich einmal folgendes Szenario vor. Ein Flughafentower kann aufgrund einer mangelnden Ausfallabsicherung nicht mehr auf den Computerdienst zugreifen. Der Flugverkehr ist nicht mehr zu steuern, geschweige denn die bedrohten Luftfahrzeuge zu warnen.

Der Schaden am Menschen wäre, hier nur durch die Kostenseite beleuchtet, sehr groß, bedenkt man, daß ein Mensch mit bis zu 7,5 Millionen DM versichert ist. In einem Flugzeug können aber bis zu 500 Fluggäste sitzen........

Zusammengefaßt läßt sich die Zielgruppe als jene Unternehmen kennzeichnen, die nach den Investitionen für eine Clusterlösung trotzdem einen Return on Investment realisieren können, da sie es sich nicht leisten können auf ihre unternehmenskritischen Anwendungen zu verzichten. Diese Applikationen sind so wichtig, daß bei einem Stillstand des Systems das Unternehmen kurz vor dem Bankrott stehen würde oder der mögliche Schaden in Mensch und Material nicht zu bezahlen wäre. [50]

Unternehmen mit hoher Pro- Kopf- Produktivität weisen eine stark ins operative Geschäft eingebundene IT-Plattform [51] vor. Das bedeutet, ein funktionierendes Management muß man nicht überreden, sondern es läßt sich überzeugen. Es ist rational, logischen Argumenten zugänglich und schließt Veränderungen oder Verbesserungen nicht aus.

Ein solches Unternehmen erfährt durch die Clusterlösung eine Lohnstückkostensenkung und eine Erhöhung der Pro- Kopf-Produktivität.

Das ist die Zielgruppe die durch die Kommunikationsstrategie adressiert werden soll.

---

[49] Siehe Stichwortverzeichnis

[50] Vergl. Wermelskirchen, S./Reischauer, C.: >> Nur wer seinen Kunden hilft, Kosten zu sparen, hat Aussicht auf Erfolg<<, Wirtschaftswoche 12/98, S. 214 - 215

[51] IT-Plattform ist das EDV-Betriebssystem

6.1.1 Die Kommunikationsformen und die Ziele der Kommunikationspoltik

Des weiteren kann sich Kommunikation an einzeln adressierbare oder eine Vielzahl anonymer Rezipienten wenden. Die erstere wird Individualkommunikation genannt. Sie ist persönlich und zum größten Teil dialogisch ausgerichtet und damit potentiell wirkungsvoller, jedoch auch kostenaufwendiger je Zieleinheit als die letzere, die sogenannte Massenkommunikation. Massenkommunikation findet öffentlich, mit Hilfe technischer Übertragungsmittel, den Medien, bei räumlicher und zeitlicher Distanz zwischen Sender und Empfängern, an ein disperses Publikum und überwiegend monologisch ausgelegt,

statt. [52]

Die Aufgabe der Kommunikationspolitik besteht darin, im Rahmen des Marketingprozesses den Absatz von Produkten und Dienstleistungen mit Hilfe kommunikationspolitischer Instrumente zu fördern. Daneben dient die Kommunikationspolitik aber auch der Profilierung von Unternehmen und Personen.

Mit der Kommunikationspolitik sollen die folgenden vier Ziele verfolgt werden: [53]

1. Aufmerksamkeit und Bewußtsein für ein bestimmtes Produkt soll geweckt werden. Dies ist jedoch bei der hohen Informationsüberflutung in der modernen Gesellschaft keine leichte Aufgabe.

2. Kenntnis des Produkts bei Neukunden soll erreicht bzw. bei bereits vorhandenen Kunden vertieft werden.

3. Präferenz für das Produkt soll aus der Kenntnis folgen, indem man systematisch die Stärken des Produkts präsentiert.

4. schließlich sollte ein Kauf den Abschluß der Kommunikation bilden

---

[52] Vergl. Pepels., W.: Werbung und Absatzförderung, 1994, S. 10
[53] Vergl. Otto, M.: Marketing, 1996, S. 47

6.2 Die Kommunikationskanäle der Drost Unternehmensgruppe

„Seit einiger Zeit faßt man in der amerikanischen Marketingliteratur Werbung, Verkaufsförderung, Persönlicher Verkauf und Öffentlichkeitsarbeit zum Kommunikations-Mix zusammen (Webster, Lazer). Kotler dagegen versteht unter den genannten Instrumenten die „Promotional Strategy" eines Unternehmens." [54]

Im deutschsprachigen Raum verstehen Köhler, Meffert und andere diese Instrumente als Kommunikationspolitik. Nieschlag/Dichtl/Hörschgen führen Kommunikationspolitik als Oberbegriff für Werbung, Verkaufsförderung und Public Relations an. Dazu kommen in letzter Zeit das Product-Placement und das Sponsoring.

Die Kommunikationspolitik zählt zu den Marketing-Mix-Faktoren, wie Produkt-, Distributions- und Preispolitik. Zielsetzung ist es, mit Hilfe spezieller Kommunikationsmittel Informationen und Nachrichten an Zielpersonen zu übermitteln, um Marketingziele, wie z.B. die Unterstützung des Verkaufs zu realisieren.

Die folgende Abbildung soll einen Überblick über die Instrumente der Kommunikationspolitik geben.

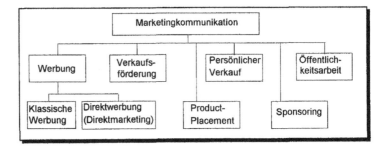

Abbildung 22 : Die Bereiche der Marketingkommunikation

---

[54] Vergl. Weis, C.: Marketing, 1995, S. 359

>> Der Markt für High Availability <<

6.2.1 Sponsoring [55]

Das ist ein Konzept, das auf Leistung und Gegenleistung beruht. Der Sponsor stellt dem gesponserten Geld und/oder Sachmittel zur Verfügung und erhält eine Gegenleistung, die zur Erreichung der Marketingziele beitragen soll.[56] Für die Firma Drost ist Sponsoring nicht der richtige Weg, die bereits vorher beschriebene Zielgruppe mit diesem Kommunikationskanal zu adressieren. Da diese potentielle Zielgruppe durch Sponsoring nur mit hohen Kosten zu erreichen ist, wird dieses Verfahren eher von den Herstellern als vom Handel praktiziert.

6.2.2 Product-Placement

Product-Placement ist die werbewirksame Integration von Produkten und/oder Dienstleistungen in Medienprogramme (Kino-, Video- und Fernsehprogramme) mit dem Ziel, deren Marktstellung und -erfolg zu verbessern.[57] Auch dieses Kommunikations-instrumentarium ist der Drost Unternehmensgruppe nicht zu empfehlen, da es ziemlich teuer ist. Außerdem wird nur vom Hersteller Product-Placement praktiziert, da das Produkt in erster Linie etwas mit dem Hersteller zu tun hat und erst in zweiter Linie mit dem regionalen Händler assoziiert wird.(Beispiel: Das Automobil BMW-Z3 integriert im James-Bond-Film).

6.2.3 Verkaufsförderung

Verkaufsförderungen sollen den Absatz steigern helfen, indem alle am Absatzprozeß beteiligten Organe (Außendienst, Groß- und Einzelhandel) unterstützt, informiert und motiviert werden. Daneben soll die Verkaufsförderung auch dazu beitragen, daß die Endverbraucher markt- und absatzbezogen im Sinne des herstellenden Unternehmens informiert werden [58]. Auch dieses Kommunikationsinstrument wird eher durch den Hersteller bedient als durch den Händler, der dieses Produkt im Sinne des Herstellers vertreibt und daraus seine eigene Lösung erstellt. Daneben wäre für die Drost Unternehmensgruppe

[55] Ehm, P.: Sponsoring-Konzepte fehlen, W&V 20/98, S.86-91 und o. A.: Das Sponsoring ist der Turbolader der klassischen Marketingkommunikation, Computer Zeitung 12/98, S. 58
[56] Vergl. Bruhn, M. : Kommunikationspolitik, 1997, S. 608
[57] Vergl. Hormuth, S.:Product-Placement, eine innovative Kommunikationsstrategie, 1993, S. 67
[58] Vergl. Meffert, H.: Marketing-Grundlagen der Absatzwirtschaft, 1986, S. 443

>> Der Markt für High Availability <<

kaum ein Gewinn realisierbar, der eine zusätzliche Belastung durch Verkaufs-
förderungsmaßnahmen kompensieren könnte.

Im vorangegangenen Teil wurden die Kommunikationsmittel angesprochen, die für die Drost
Unternehmensgruppe in ihrer Eigenschaft als Händler eher nicht in Frage kommen.
Jetzt soll der Fokus eindeutig auf die restlichen Kommunikationsinstrumente gelegt werden,
mit denen sich die Drost Unternehmensgruppe kommunikativ am Markt Interesse
verschaffen will. Da ein PC nicht ein Konsumgut, sondern vielmehr ein Gebrauchs-
beziehungsweise Investitionsgut darstellt, gilt es, den Kauf dieses Gutes beratend zu
begleiten. Ein PC oder komplexe Clusterlösungen für den PC sind somit
erklärungsbedürftig.

Aus diesem Grund sollen nun die restlich verbleibenden Kommunikationsmittel im Rahmen
des 1 to 1-Marketing erläutert werden. 1 to 1-Marketing stellt Strategien für individuelles
Kundenmarketing zur Verfügung.

EXKURS : 1 to 1-Marketing [59](Vergleiche „Die 1 to 1-Zukunft)

Endziel des 1 to 1-Marketings, ist die Schaffung fester Kundenbindung und die gleich-
zeitige Erzielung von Umsätzen. Ein 1 to 1-Anbieter will nicht 1 Produkt vielen Kunden
verkaufen, sondern einem Kunden viele Produkte über einen langen Zeitraum durch
verschiedene Produktlinien. Ein sehr wichtiges Element dabei ist, daß man durch Dialog und
Kommunikation erfährt, was der Kunde wirklich will. Es ist nicht nur die Qualität des
Produkts wichtig, sondern auch die Qualität der Geschäftsbeziehung.

Der wahre Maßstab des Erfolgs ist nicht der Marktanteil, sondern der Kundenanteil. Ein
wichtiger Punkt ist zudem, daß der Kunde mit den von der Firma bezogenen Produkten oder
Dienstleistungen zufriedengestellt werden muß. Der Verkäufer muß lernen, in
Kundenanteilen zu denken, daher ist die Zusammenarbeit sehr wichtig. Es gilt das Lösen von
Kundenproblemen und das Wegräumen von Hindernissen als klassische Verkaufstechniken,
um in Verbindung mit dem Feedback des Kunden deren Zufriedenheit wirksamer zu
gestalten. Des weiteren sollen keine Mühen, kein Geld und keine Zeit für Kunden vergeudet
werden, die keinen Nettogewinn erbringen. Um nun den Kundenanteil zu vergrößern, muß
sich der 1 to 1-Anbieter folgende grundlegende Fragen stellen:

---

[59] Die 1 to 1- Zukunft-Strategien für ein individuelles Kundenmarketing von Don Peppers und
Martha Rogers

>> Der Markt für High Availability <<

- Welche Kunden sind meine liebsten und warum?
- Welche Kunden werden mir zusätzliche Umsätze vermitteln, indem sie andere an mich verweisen?
- Welche meiner Kunden sind es nicht wert, daß man sich um sie kümmert?
- Welche potentielle Kunden würde ich am liebsten zu echten Kunden machen?
- Welche Verbrauchertypen sind echte Kaufinteressenten meines Produkts?

Die restlichen Kommunikationsinstrumente kann man in 2 Gruppen unterteilen. Kriterium dabei ist nun, ob es bereits beim bestehenden Netzwerk des Kunden zu einem Systemausfall kam. Erfolgte ein derartiger Systemausfall, ist es ein passives Marketing, das die Drost Unternehmensgruppe betreibt, denn der Kunde kommt zuerst hierher mit seinem Problem. Geht man aber aktiv an den Markt oder die Kunden heran, so initiiert das Unternehmen aktiv ein bestimmtes Konzept.

Die folgende Grafik unterteilt die restlichen Kommunikationsmittel in aktives und passives Kommunikationsmarketing.

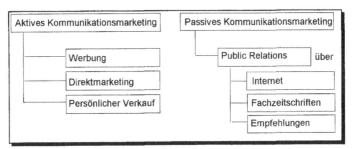

Abbildung 23 : Aktive und passives Kommunikationsmarketing

Es sollen nachfolgend die restlichen Kommunikationsmittel unter den Aspekten des 1 to 1-Marketings und der Einteilung in aktives und passives Kommunikationsmarketing betrachtet werden.

>> Der Markt für High Availability <<

6.2.4 Werbung [60]

Die Werbung ist mitunter das zielgerichtetste und mit den meisten Möglichkeiten versehenste Kommunikationsmittel im Kommunikationsmix. Die Intention der Werbung, hier nicht auf die Öffentlichkeitsarbeit bezogen, stellt primär die Steigerung des Absatzes dar. Somit ist die Absatzwerbung ein Marketinginstrument, das durch absichtlichen und zwangfreien Einsatz spezieller Kommunikationsmittel die Zielpersonen zu einem Verhalten veranlassen will, das zur Erfüllung der Werbeziele des Unternehmens, sprich zur Steigerung des Absatzes, beiträgt. Die Werbung kann somit in viele Unterteilungen segmentiert werden.

Unterscheidung der Werbung nach den primären Zielen der Werbung

Betrachtet man bei der Werbung die primären Ziele, die abhängig sind vom Produktlebenszyklus, so kann in Einführungs-, Expansions-, Erhaltungs- und Reduktionswerbung unterteilt werden. Ist das Hauptanliegen der Einführungswerbung die Bekanntmachung des Produkts, so will die Expansionswerbung eine Erhöhung des Umsatzes oder eine Steigerung des Marktanteils schaffen. Demgegenüber versucht die Erhaltungswerbung, den bisherigen Bekanntheitsgrades zu sichern, während die Reduktionswerbung eine Verlagerung des Absatzes der Produkte im Zeitablauf zu realisieren versucht.

Unterscheidung der Werbung nach der Zahl der Werbenden/Werbegemeinschaft

Hier ist mit Einzelwerbung die Werbung eines Anbieters für sein Produkt gemeint. Bei der Sammel- oder Kollektivwerbung werben mehrere Anbieter für ihre Produkte.

Unterscheidung der Werbung nach der Zahl der Umworbenen

Man unterscheidet hierbei zwischen dem einzelnen und der Menge. Dabei ist die Einzelumwerbung eine Form der Direktwerbung, denn die Werbebotschaft richtet sich an eine genau bestimmte Zielperson und ist individuell zugeschnitten. Bei der Mengenumwerbung werden Teilmengen der Bevölkerung, z.B. Ärzte, adressiert.

---

[60] gs: Positives Bild, W&V Nr. 19/98, S. 88

>> Der Markt für High Availability <<

Unterscheidung der Werbung nach der Stellung der Werbetreibenden [61]

Nach dem Absender der Werbemaßnahmen unterscheidet man die Herstellerwerbung, d.h. der Hersteller ist Werbungstreibender, und die Handelswerbung, bei der der Absatzmittler Werbungtreibender ist. Die Bezeichnung sagt mehr über den Initiator als über die Ziele aus. Langfristige Ziele, beispielsweise das Produkt allgemein bekanntzumachen oder ein Produktimage aufzubauen sind Intentionen des Herstellers, während der Händler eher versucht mit der Einzelhandelswerbung kurzfristig Umsatz zu erzielen.

Unterscheidung der Werbung nach der beabsichtigten Wirkung

Nach dieser Art der Werbungsunterscheidung gibt es die Informationswerbung, hier stehen objektive Informationen im Vordergrund der Werbebotschaft, und die Suggestivwerbung, bei der man unterdrückte Gefühle freisetzen will. Beispiel ist die Leitbild- und Assoziativwerbung, bei der zu vermitteln versucht wird, durch den Kauf das Ansehen und die gesellschaftliche Stellung des Käufers zu verbessern.

Unterscheidung der Werbung nach der psychologischen Ausgestaltung

In diesem Teil kann unterschieden werden zwischen überschwelliger Werbung, das heißt der Umworbene nimmt die Werbung bewußt wahr, und unterschwelliger Werbung, die aber als sittenwidrig anzusehen ist, da die Werbebotschaft nicht mehr bewußt wahrgenommen werden kann.

Unterscheidung der Werbung nach den Werbeobjekten in Produkt-, Dienstleistungs- oder Unternehmenswerbung

Bei der Produkt- und Dienstleistungswerbung wird die Leistung herausgestellt. Die Unternehmenswerbung zielt aber primär auf das Unternehmen ab.

---

[61] vgl. Pepels, W.: Marketing, 1994, S. 21

>> Der Markt für High Availability <<

Welche Werbearten sind infolgedessen für die Firma Drost zu empfehlen ?

Im Bereich der primären Ziele der Werbung wird die Firma Drost eine Expansionswerbung anstreben, da die Einführungswerbung bereits durch den Hersteller abgedeckt ist.

Man geht bei der Zahl der Werbenden eher von einer Einzelwerbung aus, da die Firma Drost eigens für ihr Produkt wirbt.

Betrachtet man die Zahl der Umworbenen, der Stellung der Werbetreibenden und der beabsichtigten Werbung, so kann ein Mix aus allen zur Verfügung stehenden Möglichkeiten angenommen werden. So sind neben der Einzelumwerbung auch genau definierte Teilgruppen der Bevölkerung zu bewerben, die sich einen Nutzen vom Produkt „Cluster" versprechen können. Die Werbung als Händler hat zwar Vorrang vor der des Herstellers, im Falle Drost jedoch können auch kooperative Werbeaktionen zwischen Hersteller und Händler erfolgen.

Die beabsichtigte Wirkung soll neben einer vorrangig informativ wirkenden Aussage auch eine suggestive Komponente enthalten. Damit ist sichergestellt, daß die Zielgruppe über beide Kanäle angesprochen wird.

Die psychologische Ausgestaltung findet nur in einer überschwelligen Werbung statt, da unterschwellige Werbung nicht in das Konzept hineinpaßt, wie sich das Unternehmen Drost ihre Kommunikation gegenüber dem Kunden vorstellt.

Bei der Auswahl der Werbeobjekte kann im Rahmen von Neuakquisen die Produkt- und Dienstleistungswerbung im Vordergrund stehen, da dieser Kunde primär mit Leistungen zu überzeugen ist. Bei Kunden, mit denen man gemeinsam auf eine bisher erfolgreiche Zusammenarbeit zurückblicken kann, wird jedoch eher eine Unternehmenswerbung eingesetzt.

>> Der Markt für High Availability <<

Prozeß der Werbeplanung und -durchführung

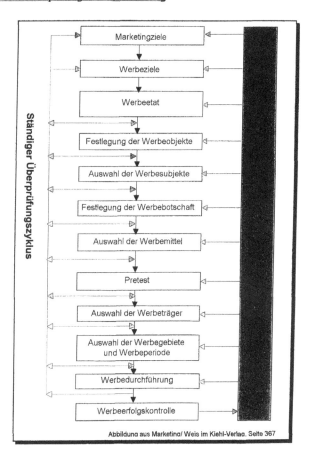

Abbildung 24 : Prozeß der Werbeplanung und -durchführung[62]

Der Prozeß der Werbeplanung ist in Abbildung 24 skizziert.

---

[62] Vergl. Weis, C.: Marketing, 1995, S. 367

>> Der Markt für High Availability <<

Werbeziele

Die Festlegung der Werbeziele ist laut Christian Weis [63] von fundamentaler Bedeutung. Da bei wissenschaftlicher Betrachtung der Frage der Operationalität und der Formulierung ökonomischer Ziele (Umsatz, Gewinn) für die Werbung nicht lösbar erscheint, stellt man außerökonomische Ziele, die meßbar (operational) sind, in den Vordergrund (wie zum Beispiel Aufmerksamkeit, Berührung, Interesse).

Psychologische Wirkphasen werden genutzt, die der Umworbene in einer Art Stufenleiter oder Wirkungshierarchie durchläuft. Das bekannteste Wirkungsmodell ist aber das AIDA-Schema. Danach durchläuft das Individuum folgende Stadien:

- Aufmerksamkeit (**Attention**)
- Interesse (**Interrest**)
- Wunsch (**Desire**)
- Aktion (**Action**)

Die Firma Drost unterstützt ebenso das AIDA-Modell von Lewis[64]. Da der Hersteller in seiner Produktwerbung schon für Aufmerksamkeit und ein gutes Produktimage sorgt, will die Firma Drost in ihrer Werbestrategie das Interesse und den Wunsch des Kunden nach dem Besitz des Produktes erreichen.

Festlegen des Werbeetats[65]

Hier gibt es folgende Methoden, um ein Festlegen des Werbeetats zu gewährleisten:

- Heuristische Vorgehensweisen
- Modellorientierte Optimierungsansätze
- Simulationsansätze

In der Praxis erlangten aber bisher nur die heuristischen Ansätze an Bedeutung. Dazu gehören folgende Methoden:

---

[63] Vergl. Weis, C.:,Marketing,1995, S. 368-370
[64] Geistiger Vater dieses Konzepts
[65] Vergl. Weis, C.: Marketing, 1995, S. 370-371

>> Der Markt für High Availability <<

- Ausgabenorientierte Methode

Diese Methode geht von vorhandenen finanziellen Mitteln zu Beginn der Werbeperiode aus. Die Höhe dieser Beträge ergibt sich aus dem Gewinn der vorangegangenen Periode. Als nachteilig wirkt sich aus, daß die Ziele der Periode in Umsatz und Gewinn nicht berücksichtigt werden. Die prozyklische Wirkung, wie die mangelnde Berücksichtigung aller Instrumente des Marketing- Mix und die Verstärkung der Nachfrageschwankungen sind weitere Nachteile.

- Konkurrenzorientierte Methode

Der Name kündigt die Absicht an. Hier wird von der Höhe vergleichbarer Konkurrenten ausgegangen und die eigene spezifische Situation des Unternehmens vernachlässigt.

- Prozentsatz...von -Methode

Hier wird die Höhe des Werbeetats als bestimmter Prozentsatz vom Umsatz und dem Gewinn der Einheit bestimmt. Eine ziel- und gewinnoptimale Kombination der Werbe-ausgaben kann mit dieser Methode nicht erzielt werden.

- Ziel- und Aufgaben-Methode

Diese Methode legt die Höhe des Werbeetats nach den angestrebten Werbezielen fest, wobei die finanzielle Situation und die Konkurrenzsituation als Nebenbedingungen berücksichtigt werden. Diese Methode ist die einzig logische Vorgehensweise für die Drost Unternehmensgruppe zur Festlegung des Werbeetats. Sie basiert auf einer genauen Festlegung der Werbeziele im Rahmen der Marketingziele.

Werbeplanung [66]

Unter Werbeplanung versteht man die Planung und Durchführung der Maßnahmen zur Realisierung der in den Werbezielen festgelegten Ziele. Dabei wird versucht, den Werbeetat zieladäquat festzulegen. Jedoch sind hier folgende Punkte/Voraussetzungen relevant :

---

[66] Vergl. Kotler, P.: Marketing-Management, 1995, S. 974 f.

>> Der Markt für High Availability <<

- Auswahl der Zielpersonen (Zielgruppe)
- Festlegung der Werbebotschaft
- Auswahl der Werbemittel
- Auswahl der Werbeträger
- Festlegung des zeitlichen Einsatzes der Werbung
- Festlegung des Werbegebietes

Auswahl der Zielpersonen

Die Zielpersonen oder Zielgruppe ist bereits eingehend am Beginn dieses Abschnitts im Punkt 6.1 klar und deutlich umrissen worden.

Festlegung der Werbebotschaft

Hat man die Zielgruppe, die man mit der Werbung erreichen will, bestimmt, ist zu entscheiden, was in der Werbebotschaft übermittelt werden soll und wie sie übermittelt werden soll. Man muß ein Thema auswählen, das die Aufmerksamkeit für das Produkt und das Interesse am Produkt steigert.

Der Inhalt dieses Themas, der bis in das Detail festgelegt werden muß, ergibt die Werbebotschaft. Je nach Zielgruppe und deren Struktur werden wirtschaftliche, funktionale, technische, soziale oder emotionale Aspekte im Vordergrund der Werbebotschaft stehen. Bevor man die endgültige Werbebotschaft festlegt, wird im Rahmen der Copyerstellung (Vorlage, Muster) als Vorstufe zur Verbalisierung und Visualisierung der Werbebotschaft unterschieden.

- BASISBOTSCHAFT (Basic message)

Aufgabe dieses Teils der Werbung ist es, das Produkt eindeutig zu identifizieren und von anderen Produkten zu unterscheiden.

- NUTZENBOTSCHAFT (Consumer benefit)

Sie soll den Zielpersonen einen besonderen Nutzen anbieten, den nur das umworbene Produkt hat und der über den üblichen Grundnutzen hinausgeht.

- NUTZENBEGRÜNDUNG (Reason-Why-Technik)

Wichtig ist, daß der Nutzen des Produktes begründet wird. Je glaubwürdiger die angeführten Argumente sind, um so glaubhafter ist die Begründung für den Nutzen.

>> Der Markt für High Availability <<

Der Erfolg oder Mißerfolg hängt nicht nur davon ab, was und wie es gesagt wird, sondern auch, in welcher Form die Werbebotschaft präsentiert wird.

Was ist folglich für die Drost Unternehmensgruppe zu beachten?

Die Basisbotschaft für den Cluster muß folgendermaßen lauten:

„Mehr Sicherheit für Ihre unternehmenskritischen Anwendungen"

Das Produkt wird zum einen ausreichend gegenüber den anderen Lösungen abgegrenzt und zum anderen fordert es den Leser zum Nachdenken auf. Darüber hinaus wird ein bestimmtes Interesse geweckt, das nun in der Nutzenbotschaft verstärkt werden soll. Diese lautet wie folgt:

„Das bedeutet für Sie eine höhere Produktivität, Imageverbesserung, höheren
EDV- Nutzungsgrad, weniger Kosten, Reduzierung des entgangenen Geschäfts,
Demonstration der technischen Kompetenz"

Nutzenbegründung:

Sind Ihre unternehmenskritischen Anwendungen, das heißt, Anwendungen auf die das ganze Geschäftsszenario abgestellt ist, länger oder rundum verfügbar, ergeben sich die oben genannten Punkte als direktes Resultat.

Pretests

Bevor man einen potentiellen Werbeerfolg messen kann, muß man Überlegungen über die von der Werbung ausgelösten Wirkungsmöglichkeiten anstellen. Hier gibt es subjektive und objektive Verfahren. Versuchspersonen bewerten verschiedene Entwürfe nach Rangfolge, Skala oder Selektion (Wer war der beste Entwurf?). Daneben gibt es auch noch objektive Verfahren, die aber aufgrund der benötigten technischen Ausstattung nicht für die Firma Drost als Pretests geeignet sind. Daher werden die subjektiven Verfahren realisiert.

Auswahl der Werbemittel

Das Werbemittel stellt dasjenige Medium dar, mit dem die Werbebotschaft vom werbenden Unternehmen zum Empfänger gelangen soll. Hier muß berücksichtigt werden, daß Werbemittel so zielspezifisch wie möglich selektiert werden müssen.

>> Der Markt für High Availability <<

Das bedeutet, bei der Wahl der Werbemittel muß berücksichtigt werden, daß man die adressierte Zielgruppe zu einem möglichst hohen Prozentsatz kontakten kann. Für die Firma Drost kommen somit folgende Werbemittel in Frage:

* Anzeigen/Inserate
* Kataloge, vorrangig elektronische Kataloge auf CD-ROM. Gerade im Bereich der PR- Maßnahmen ist dieses Werbemittel sehr vorteilhaft.
* Werbefilme. Dieses Werbemittel ist ebenfalls sehr gut denkbar im Bereich der Unternehmenswerbung und Public Relations.
* Werbebriefe sind nur im Bereich des Direktmarketings denkbar, auf welches später noch genauer eingegangen werden soll.

Alle anderen Werbemittel wie Fernsehspots, Werbefunkdurchsagen, Prospekte, Plakate, Flugblätter, Werbedias, Beilagen, Schaufensterwerbung und Werbegeschenke sind aufgrund zu großer Streuverluste sowie dem Nichtübereinstimmen mit dem 1 x 1- Marketing als nicht sehr positiv zu betrachten.

Auswahl der Werbeträger [67]

Werbeträger sind diejenigen Medien, die Werbemittel an Zielpersonen herantragen sollen. Auch hier muß wieder die zu adressierende Zielgruppe im Blickfeld behalten werden. Dadurch, daß sie die Werbebotschaft an verschiedene Gruppen streuen, werden sie auch Streumedien genannt. Im folgenden Teil sind die Hauptwerbeträger beschrieben:

* Zeitungen

Der Vorteil ist hier die fast unbegrenzte Verfügbarkeit, der mehr oder weniger spezifische Zielpersonenkreis und die niedrigen Kontaktkosten. Auch positiv ist die Vielfalt der Gestaltungsmöglichkeiten der Werbung, sowie die Möglichkeit der Beilagenwerbung und das „Realisieren-können" von lokalen, regionalen und überregionalen Werbekampagnen.

* Fernsehen

Das Fernsehen kann Zielgruppen multisensorisch (das heißt über Text, Bild und Ton) ansprechen. Es entstehen aber hierbei hohe Streuverluste. Das Fernsehen eignet sich für die Einführungs- und Erhaltungswerbung, sowie für den Imageaufbau.

---

[67] Vergl. Weis, C.:Marketing, 1995, S. 381-396

>> Der Markt für High Availability <<

- Direktwerbung

Mit Briefsendungen, Briefdrucksachen und Massendrucksachen eröffnet sich die Möglichkeit, genau definierte Zielpersonen ebenso zu erreichen wie ganze Bevölkerungsgebiete. Nachteilig wirken sich die relativ hohen Herstell- und Streukosten aus. Von Vorteil ist aber der Konkurrenzausschluß. Dabei ist es mit relativ gutem Adressmaterial möglich, Kommunikation mit niedrigen Streuverlusten zu betreiben.

- Zeitschriften

Die hohe Reichweite, die praktisch unbegrenzte Verfügbarkeit und die Möglichkeit der wiederholenden Betrachtung von Anzeigen läßt das Medium Zeitschriften als vorteilhaften Werbeträger für Konsumgüter und Gebrauchsgüter erscheinen. Die Zeitschriften sind das nationale Basismedium für viele Werbekampagnen.

- Fachzeitschriften [68]

Dieses Medium eignet sich hervorragend als Werbeträger für eine zielgruppenspezifische Ansprache durch Beilagen und Anzeigen. Fachleute sehen Fachzeitschriften als unbedingt erforderliche Informationsquelle an. Dieser unmittelbare Nutzen, daß die Fachzeitschriften Fachgebiete sehr spezifisch und konkret behandeln, hat dazu geführt, daß es in Deutschland eine große Anzahl von Fachtiteln gibt.[69]

Platz	Fachtitel	Verlag	Anzeigenumsatz (Brutto-Wert in Mio. Mark)	Veränderung in Prozent
1	Computerwoche	Computerwoche-Verlag	81,5	29,4
15	Computer Reseller News	WeKa- Firmengruppe	19	31,6
17	Computer-Partner	Computerwoche-Verlag	18,3	keine Angabe
21	Computer-Zeitung	Konradin-Verlag	14,5	11,7

Abbildung 25 : Fachpresse-Ranking 1997 (laut W&V[70], S.183, 19/98, nur EDV-Press)

- Adreßbücher

Von 1990 auf 1993 haben sich die Werbeumsätze der Adreßbücher um 53 % erhöht. Adreßbücher lassen sich unterscheiden in Bundes-, Landes-, Branchen-, Export- und Fachadreßbücher. Die Adreßbuchwerbung kann aufgrund der langen Werbewirkung, der Zielgruppenausrichtung der Werbung, sowie der relativen Preiswürdigkeit ein weiteres vorteilhaftes Werbemedium sein.

---

[68] Jakob, E.: Ein Paradies für Planer, W&V, Nr. 19/98 S.90- 92
[69] Merbold, C.:Business-to-Business-Kommunikation, 1994, S.157
[70] Nicht berücksichtigt: Allgemeine Computerzeitschriften und Special-Interest-Titel. Quellen: Verlagsangaben, Nielsen/S+P, Vertriebsunion Meynen. Redaktion: Ferdinand Schulz, Essen.

>> Der Markt für High Availability <<

- Hörfunk

Der Hörfunk ist für Werbebotschaften geeignet, welche sich akustisch gut darstellen lassen. Es bedarf möglichst klarer, unkomplizierter und rationaler Werbebotschaften. Der Hörfunk fungiert nur als Zusatzmedium und ist für emotionale Appelle geeignet. Die tägliche Werbezeit ist nicht begrenzt. Dafür aber wird der Werbespot nur flüchtig, unvollständig und oberflächlich wahrgenommen, deshalb ist die Kürze und die Prägnanz von entscheidender Wichtigkeit.

- Anzeigenblätter

Dieses Medium hat sich zu einem bedeutsamen Werbeträger entwickelt. Damit kann jeder Haushalt erreicht werden, da sich dieses Medium besonders für Einzelhandelsbetriebe mit lokalem Einzugsgebiet eignet. Der Werbeerfolg tritt kurzfristig ein.

- Neue Medien

Die neuen Medien umfassen Kommunikationsmedien wie in der Abbildung 26 aufgeführt.

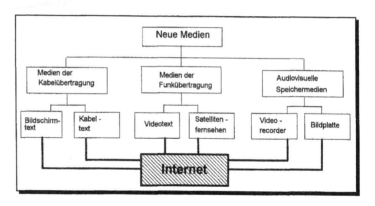

Abbildung 26 : Übersicht über die neuen Medien [71]

Anstatt nun diese neuen Medien einzeln zu beschreiben, teile ich nun individuell alle Medien in der Abbildung 26 in 3 Klassen ein, da sich die neuen Medien durch ihre Bezeichnung selbst beschreiben. Vielmehr ist eher eine Einteilung in non-interaktiv, semi-interaktiv und interaktiv angebracht.

---

[71] Vergl. Weis, C.: Marketing, Kiehl Verlag, S. 399

1. Dies ist die erste Gruppe in den neuen Medien, welche keinen Feedback- Kanal zur Verfügung stellen. Ein Vertreter dieser Gattung wäre der Videotext. Man kann nicht von einer Interaktivität sprechen, da dieses Broadcast-Medium nur sendet und nicht empfangen kann.

2. Die zweite Gruppe, die semi-interaktive Gruppe, stellt die Pioniere auf dem Weg zur Interaktivität dar. Hier werden Broadcasting-Medien mit einem weiteren Kommunikationskanal ausgestattet. Ein Beispiel dafür wäre die Zeitung. Diese kann nur senden, bietet aber mit einer beigefügten Antwortkarte einen Feedback-Kanal an, über welchen dann eine Scheininteraktivität suggeriert wird.

3. Der letzte Vertreter ist der interaktive Kommunikationskanal und Werbeträger. Das wahrscheinlich wichtigste Beispiel ist das Internet. Hier besteht die Möglichkeit online mit dem Gesprächspartner in Kontakt zu bleiben. Das zur Verfügung stellen der Feedback-Kanäle gewährleistet weitreichende Veränderungen der Werbung.

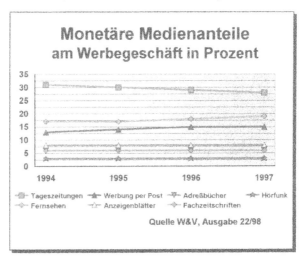

Abbildung 27 : Werbeträger in Deutschland [72]

Medienplan

Als letztes wird nun das Ergebnis eines Auswahlverfahrens in einem sogenannten Medienplan festgehalten. Hier wird ganz genau festgelegt, in welchen Medien zu welchem Zeitpunkt geworben wird.

---

[72] Werbeträger in Deutschland, W&V, Nr. 20, S.88

>> Der Markt für High Availability <<

Die spezifische Auswahl der Werbeträger der Drost Unternehmensgruppe

Die Drost Unternehmensgruppe wird aufgrund der Erkenntnisse Direktwerbung praktizieren, da dieses eingebunden in das Konzept des 1 to 1-Marketing den Kunden optimal und individuell adressieren kann. Fast gleichzeitig wird in Fachzeitschriften geworben. Hier bietet sich nach der 1997 durchgeführten Analyse der Zeitschrift W&V entweder die Fachzeitschrift Computerwoche oder die Fachzeitschrift Reseller News an. Die Veränderungen beider Medien bestärken den prognostizierten Trend der IT-Branche im Bezug auf die Selektion zukünftiger Fachzeitschriften. Somit ist auch gewährleistet, daß möglichst viele potentielle Zielgruppenmitglieder erreicht werden können.

Das letzte Medium, welches alle Funktionen der 3 Gruppen aus Abbildung 26 vertritt, das Internet, wird in der Kommunikationsstrategie sowohl beim aktiven Kommunikations-marketing, sprich Werbung, wie auch beim passiven Kommunikationsmarketing im Bereich der PR- Maßnahmen bedient werden. Da sich nach den Ergebnissen einer von der Beratungsfirma Deloitte & Touche, Washington, in Auftrag gegebenen „Jahrtausendstudie" [73] herausstellt, daß bis zum Jahr 2000 das Internet das wichtigste Informationsmedium sein wird, kann es in dieser Übergangsphase nur richtig sein, die zweite Gruppe, nämlich die Semi-interaktive, neben dem Internet bis zum Jahr 2000 zu bedienen. Dabei ist sichergestellt, daß anhand des Feedbacks die Werbung zielgerichtet ausgelegt wurde, die Werbebotschaft die Zielgruppe erreicht hat und diese von ihr richtig aufgenommen wurde.

Auswahl des Werbezeitraums [74]

Prinzipiell kann unterschieden werden in einmalige zeitlich begrenzte und intensive Werbeaktionen, kontinuierliche Werbeaktionen, kurze intensive Werbeaktion und eine Kombination aus diesen. Bei einer Neueinführung wird man eher durch eine intensive Werbeaktion versuchen, schnell einen hohen Bekanntheitsgrad zu erreichen und diesen durch kontinuierliche Werbeaktionen zu halten. Des weiteren kann unterteilt werden in:

• Prosaisonale Werbeaktion

Ziel ist es, in der Zeit der Nachfrage die Kaufkraft und den Kaufwillen auf die eigenen Produkte zu lenken. Hier sinkt aber die Wirkung eines Kontaktes in den Saisonhöhen, da jeder versucht die Aufmerksamkeit des Kunden zu erhalten.

---

[73] In dieser Studie wurden 400 amerikanische Unternehmen befragt und 90 % der Geschäftsführer bestätigten, daß das Internet bis zum Jahr 2000 die wichtigste Informationsquelle sein wird und dafür die Printmedien an Bedeutung verlieren würden.

[74] Vergl. Weis, C.:Marketing, 1995, S. 402-405

>> Der Markt für High Availability <<

- Antisaisonale Werbeaktion

Hier werden Werbeaktionen zum Ausgleich von Absatzschwankungen durchgeführt. Anhand von Forschungen hat sich gezeigt, daß der Werbeerfolg zuerst mit der Steigerung der Kontakte ansteigt, dann stagniert und bei einer weiteren Zunahme der Kontakte sogar sinkt. Daraus lassen sich folgende Grundregeln ableiten:

- Bei einer sinnvollen (5-6-maligen) Anzahl der Werbewiederholungen können sich daraus Imageverbesserungen ergeben.
- Mit der Zahl der Einschaltungen ist ein Reichweitenzuwachs verbunden

Da es für das Produkt „Cluster" keine Saison gibt, sondern von einem kontinuierlichen Anfragen- und Bedürfniswachstum auszugehen ist, kann nur die prosaisonale Werbung den richtigen Weg darstellen.

Werbedurchführung [75]

Bei der Werbedurchführung bieten sich 3 Möglichkeiten an:

- die Werbeaktion wird selbstständig durchgeführt
- die Realisierung der Werbeaktion übernimmt eine Agentur
- die Werbung wird von beiden Parteien gemeinsam durchgeführt

Im Falle der Drost Unternehmungsgruppe wird die Werbung als Kombination einer Werbeagentur und eigener Realisierung gesehen.

Werbeerfolgskontrolle [76]

Eine Werbeerfolgskontrolle wird durchgeführt, um einmal den außerökonomischen Erfolg (kommunikativer Erfolg) zu messen und zum anderen um die ökonomischen Erfolge zu kontrollieren. Es wird geprüft, ob die Werbung wahrgenommen (erste Stufe der außerökonomischen Werbewirkung) und verarbeitet wurde (2. Stufe), ob ein gewünschtes Verhalten erkennbar ist (3. Stufe) und ob es letztendlich zum ökonomischen Erfolg kommt (Kauf, 4. Stufe).

---

[75] Vergl. Weis, C.:Marketing, 1995, S.405-407
[76] Vergl. Weis, C.:Marketing, 1995, S.409-416

>> Der Markt für High Availability <<

1. Wirkungsstufe: Wahrnehmung

Wahrnehmung ist Voraussetzung für die kommunikative Funktion der Werbung. Hier soll kontrolliert werden, ob die Werbung wahrgenommen wurde. Es soll herausgefunden werden, ob die Zielperson einen Kontakt mit dem Werbeträger und der Werbebotschaft hatte und ob eine Wiedererkennung festgestellt wurde. Diese kann mit Recall-(Erinnerung an die Werbung) oder Recognitiontests (Wiedererkennen der Werbung) festgestellt werden.

2. Wirkungsstufe: Verarbeitung

Ist die Werbebotschaft vom Empfänger verarbeitet worden und wie wurde sie verarbeitet? Dies läßt sich aus der Herstellung einer persönlichen Beziehung gegenüber dem Produkt, der Markenbekanntheit, dem Image, das ein Produkt hat, dem Interesse am Kauf des Produktes und der eventuellen Weiterempfehlung des Produktes erkennen. Auch hier können wiederum Recall- und Recognitionmeßverfahren herangezogen werden.

3. Wirkungsstufe: Verhalten

Hier zeigen sich die durch Werbung oder andere Faktoren beeinflußte Verhaltensweisen. Verhaltensbeeinflussungen lassen sich aus Imageänderungen, Produktinteresse, Betrachtungsdauer, Einstellung, Kaufneigung und Probierverhalten ableiten. Das läßt sich durch Verfahren der psychologischen Marktforschung, Kaufbereitschaftsmessung, Minimarkttestverfahren, Labortestmarktverfahren feststellen.

4. Wirkungsstufe: Ökonomischer Erfolg

Will man den ökonomischen Erfolg feststellen, so wird der Beitrag des durch die Werbung hervorgerufenen Umsatzanteils ermittelt. Der Umsatzerfolg (U_e) ist die Differenz zwischen dem werbebeeinflußten Umsatz (U_W) und dem werbelosen Umsatz (U_{OW}).

$$U_e = U_W - U_{OW}$$

Grundsätzlich stehen folgende Methoden zur Messung eines Umsatzerfolges zur Verfügung:

- Bestellung unter Bezugnahme auf das Werbemittel. Hier wird die Werbebotschaft mit einem Bestellabschnitt ausgestattet.
- Methode der Direktbefragung. Der Käufer wird befragt, auf welche Werbemaßnahmen seine Käufe zurückzuführen sind.

>> Der Markt für High Availability <<

- Gebietsverkaufstests sollen die Wirkung des Einflusses der Werbung auf regional getrennten Märkten ermitteln.
- Noreensches Modell. Das ist eine Variante des Gebietsverkaufstests, bei der direkte Umsatzerfolge einzelner Werbemaßnahmen und Werbekonzeptionen in regional getrennten Märkten ermittelt wird.

Methoden zur Messung des außerökonomischen Erfolges
- Bei dem Kontaktmessungsverfahren wird festgestellt, ob die Zielperson mit der Werbebotschaft Kontakt hatte.
- Recognition-Verfahren (Wiedererkennungsverfahren)
- Mit den nicht verbalen Methoden wird primär die Kontaktintensität und die Auseinandersetzung mit der Werbebotschaft gemessen.

Die Firma Drost wählt bei den Methoden zur Messung des Umsatzerfolges im Rahmen des 1 to 1-Marketings die Methode der Direktbefragung. Der außerökonomische Erfolg wird gemessen, indem bei dem Kontaktmessungsverfahren festgestellt wird, ob die Zielpersonen Kontakt mit der Werbung hatten.

6.2.5 Direktmarketing [77]

Im Vergleich zum klassischen Marketing und zur klassischen Werbung, die sich an einen Gesamtmarkt von Zielgruppen richten, ist das Direktmarketing an einzelne, individuell bekannte Zielpersonen gerichtet. Diese direkte Kontaktaufnahme ermöglicht es, einen höheren Aufmerksamkeitsgrad bei den angesprochenen Zielpersonen zu erreichen und die Streuverluste zu senken. Instrumente des Direktmarketings sind:

- Direktwerbung
- Persönlicher Verkauf
- Telefonverkauf
- Direkte Verkaufsförderung
- Direkte Public Relations

---

[77] Vergl. Holland, H.: Direktmarketing, 1992, S. 5

>> Der Markt für High Availability <<

Für die Firma Drost sind jedoch nur die Direktwerbung und der persönliche Verkauf von Bedeutung. Hier versucht die Drost Unternehmensgruppe mit Kommunikation so direkt auf den Abnehmer einzuwirken, daß letztendlich ein Kauf- oder Vertragsabschluß erzielt werden kann. Zielgruppen sind vorrangig Handelsunternehmer, sowie industrielle und gewerbliche Abnehmer, aber auch nichtgewerbliche Abnehmer (z.B. Universitäten).

Ursachen für das Wachstum des Direktmarketings

Bei immer differenzierter werdenden Märkten können die Zielgruppen besser angesprochen werden, somit werden die Streuverluste immer geringer und dadurch lassen sich gegenüber dem klassischen Verkauf Kosten sparen.

Kontaktmöglichkeiten

* direkter Kontakt
  * Persönlicher Kontakt im Direktvertrieb
  * medialer Kontakt (Schriftlicher Kontakt, Kontakt aufgrund der Zusendung von Mustern, Kontakt über elektronische Medien, Kombination aus diesen Kontaktarten).
  * Die Kombination aus persönlichem und medialem Kontakt
* indirekter Kontakt
  * Kontakt durch Massenmedien (Printmedien, Funkmedien)
  * Kontakt durch Postwurfsendungen
* Kombinierte direkte und indirekte Kontakte wie beispielsweise Anzeigen zur Aufforderung eines Vertreterbesuchs

Bei den Kontaktmöglichkeiten kann sich die Drost Unternehmensgruppe eines jeglichen Weges bedienen. Ob jetzt der direkte Kontakt gewählt wird oder indirekter Kontakt hergestellt wird, ist nicht von Bedeutung.

>> Der Markt für High Availability <<

6.2.6   Persönlicher Verkauf

Im Rahmen des Marketingmix nimmt der persönliche Verkauf eine zentrale Stellung ein. Dies trifft vor allem bei Produkten, die erklärungsbedürftig sind, zu. Das Kaufverhalten wird hier von der Beratung und Überzeugung der Verkäufer beeinflußt.

Es ist ein zwischenmenschlicher Prozeß, in dem der Käufer über ein Angebot informiert, von seiner Qualität überzeugt und hinsichtlich der Verwendung beraten wird.

Ziel ist es, durch Verkaufsgespräche einen Kaufabschluß zu erreichen. Im Gegensatz zu den unpersönlichen Formen der Kommunikationspolitik wird durch den persönlichen Kontakt nicht nur ein direktes Feedback hergestellt, es werden auch Informationen durch die Kunden gewonnen.

Durch den persönlichen Verkauf kann die Kaufhandlung und Einstellung des Kunden erheblich beeinflußt werden. Er ist daher das wirkungsvollste Instrument der Kommunikationspolitik.

Abbildung 28: Relative Wichtigkeit der kommunikationspolitischen Instrumente für Industriegüter [78]

---

[78] vgl. Kotler, P.: Marketing-Management, 1995. S. 942

>> Der Markt für High Availability <<

Der persönliche Verkauf kann in verschiedenen Formen auftreten:

- Verkaufsbesuche beim Konsumenten (Außendienst)

  Bsp.: Vorwerk

- Verkauf auf organisierten Veranstaltungen (Messen, Partyverkauf)

  Bsp.: Tupperware

- Beratung der Verkäufer beim Handel (Wiederverkäufer-Verkauf)

  Bsp.: Beratung von Elektrogeschäften durch AEG

- fernmündliche Abfragen (Telefonverkauf)

  Bsp.: CD-Verkauf über Fernsehen

- Verkaufsverhandlungen der Geschäftsleitung

Verkäufer müssen gewisse Aufgaben erfüllen. Diese ergeben sich aus den Verkaufszielen. Verkäufer haben grundsätzlich folgende Aufgabengebiete, die je nach Produkt, Unternehmen, Absatzweg usw. unterschiedlich sind:

INFORMATIONSBESCHAFFUNG

- über Absatzmöglichkeit
- über Konkurrenten
- über die eigene Verkaufstätigkeit

VERKAUFSPLANUNG

- Informationen über die Kundensituation vor einem Kundenbesuch
- Tourenplanung
- Verkaufsargumentation
- Verkaufsgesprächstaktik
- Besuchsanmeldung

KUNDENKONTAKTE

- Kontaktgespräche
- Kundenbesuche
- Gespräche nach Verkaufsabschluß
- Verkaufsabschlüsse

>> Der Markt für High Availability <<

AUFTRAGSABWICKLUNG

- Überwachung der Auftragsabwicklung
- Bearbeitung von Reklamationen

Der persönliche Verkauf ist das wohl prädestinierteste Kommunikationsmedium im Feld. Deswegen wird es bereits gewinnbringend bei der Firma Drost realisiert. Auch soll hier noch einmal auf den Exkurs "1 to 1-Marketing" verwiesen werden. Er gibt die Randbedingungen für den persönlichen Verkauf vor.

6.2.7 Öffentlichkeitsarbeit (Public Relations)[79]

Die Aufgabe der Öffentlichkeitsarbeit ist, durch ein bewußtes, geplantes und dauerndes Bemühen, gegenseitiges Verständnis und Vertrauen in der Öffentlichkeit aufzubauen. Es ist für ein Unternehmen sehr wichtig, Public Relations (PR) in die Kommunikationspolitik zu integrieren, da sowohl werbliche als auch verkaufsfördernde Wirkungen von ihr ausgehen. Die Hauptaufgabe besteht aber darin, das anhand einer Meinungsforschung festgestellte Unternehmensimage im Sinne der Zielsetzung des Unternehmens so zu verändern, daß sich ein positiv wirksames Firmenbild als Ergebnis eines systematisch gepflegten Firmenstils einstellt. Dazu kann man die PR in 5 Teile einteilen.

- **Informationsfunktion** (Übermittlung von Informationen über Unternehmen an relevante Zielgruppen mit dem Ziel, eine verständnisvolle Einstellung im Hinblick auf das Unternehmen und seine Situation zu erzielen)
- **Imagefunktion** (Aufbau und Änderung eines bestimmten Vorstellungsbildes des Unternehmens in den Köpfen der Öffentlichkeit)
- **Führungsfunktion** (Beeinflussung der relevanten Öffentlichkeit im Hinblick auf die Positionierung eines Unternehmens am Markt)
- **Kommunikationsfunktion** (Zustandebringen von Kontakten zwischen Unternehmen und relevanten Zielgruppen)
- **Existenzerhaltungsfunktion** (Der Öffentlichkeit suggerieren, daß dieses Unternehmen für die Öffentlichkeit notwendig ist)

---

[79] Vergl. Bruhn, M.:Kommunikationspolitik, 1997, S. 546

>> Der Markt für High Availability <<

PR stellt die Pflege der Beziehungen zur Öffentlichkeit dar, die die Werbung und ihren Erfolg unterstützt. Gerade für kleinere/mittlere Unternehmen, die sich erst einen Namen machen müssen oder den bestehenden Bekanntheitsgrad steigern müssen, ist die Bedeutung des Images für den Markterfolg sehr wichtig. Die Mittel und die Methoden der PR werden von der Zielsetzung bestimmt. Als wichtige Maßnahmen sind aufzuführen:

- PR- Anzeigen
- Stiftungen (für Forschungen, Wissenschaft, Kunst und Sport)
- Informationen für Journalisten
- Pressekonferenzen
- Redaktionelle Beiträge (in Fachzeitschriften)
- PR-Zeitschriften (Werkszeitschriften, Kundenzeitschriften)
- PR-Veranstaltungen (Vortragsveranstaltungen, Tag der offenen Tür, Ausstellungen)

Wie bei der Werbung auch, werden diese Maßnahmen für ein Unternehmen unternommen, um den Absatz zu heben. Trifft aber die Werbung auf einen durch entsprechende PR-Arbeit positiv für das werbende Unternehmen eingestellten Markt, so wird der Erfolg der Werbung um so größer sein.

6.2.8 Corporate Identity

Aufgabe

Die Aufgabe des Corporate Identity (CI) ist es, verschiedene und unterschiedliche Kommunikationsmöglichkeiten so zu koordinieren und zu integrieren, daß eine bestimmte unternehmensspezifische Identität erzielt wird. Mit CI will man das jeweilige Unternehmen eindeutig positionieren und identifizierbar machen, sowie die Mitarbeiter bestmöglich integrieren. CI wendet sich somit an externe und interne Zielgruppen.

Zur Erreichung der Ziele gibt es folgende Gestaltungsmöglichkeiten:

- Corporate Design
- Corporate Communications
- Corporate Behaviour

>> **Der Markt für High Availability** <<

Corporate- Identity- Politik		
Corporate Design	**Corporate Communications**	**Corporate Behaviour**
Erscheinungsbild	Kommunikation	Verhalten
Design	Anzeigen	Führung
Architektur	Plakate	Vergütung
Uniform	Broschüren	Personalentwicklung
Farben	Mitarbeiter, Kundenzeitung	Beurteilung
Formulare	Gebrauchsanweisungen	Umgangston
Schrift	Slogan	Konferenzstil
Signets	Messen	Kritikfähigkeit

Abbildung 29: Kurzübersicht über Corporate-Identity [80]

Corporate Design

Das Unternehmen wirkt auch durch die visuell-formale Gestaltung der Firmenpersönlichkeit, wie z.B. durch den Firmennamen (Firmenlogo, Firmenzeichen usw.), die Farben, die Schrift, das Design seiner Gebäude und Produkte.

Corporate Communications

Mit Corporate Communications wird versucht, durch sämtliche Kommunikationsaktivitäten das jeweils unternehmensspezifische sichtbar und hörbar zu machen. Dies zeigt sich in der Art der Unternehmenswerbung und die Verwendung entsprechender „Image- Slogans".

Corporate Behaviour

Darunter versteht man das Verhalten des Unternehmens auf verschiedenen Märkten (Absatz-, Beschaffungs-, Finanzierungsmarkt usw.), als auch im Unternehmen selbst.

Da heute in vielen Bereichen Produkte, Qualität und ihre Preise sich kaum voneinander unterscheiden, muß jedes Unternehmen versuchen, sich von der Anzahl der Wettbewerber abzuheben. Die CI-Politik sorgt dafür, daß sowohl die Sach- als auch die Beziehungsebene zum Käufer im Kaufentscheid wirksam werden kann.

---

[80] Vergl. Weis, C.: Marketing, 1995, S. 446

>> Der Markt für High Availability <<

Die passive Kommunikationsmarketingstrategie der Firma Drost [81]

„Laut dem Marketing-Guru Heribert Meffert, BWL-Professor an der Universität Münster, gibt es keinen Zweifel: „Der direkte Weg zum Konsumenten wird eine große Herausforderung für das Marketing in den nächsten zehn Jahren". Zwar gebe es Dialog-Werbeformen schon lange, jedoch werde man überall vom kurzfristigen, transaktionsbezogenen Denken abrücken und auf eine langfristige Kundenbindung setzen. Dem 1 to 1-Marketing, der individuellen Käuferansprache, gehöre die nahe Zukunft."[82] Die Firma Drost wird im Bereich des passiven Kommunikationsmarketings vorrangig durch PR-Aktionen über die Kommunikationskanäle Internet, Fachzeitschriften und Mundpropaganda versuchen, ein bestehendes Nachfragen oder Interesse für das Produkt von seiten der Kunden auf sich lenken zu können. Allen voran gehen aber die Voraussetzungen, um diesen Kommunikationskanälen Ausdruck verleihen zu können. So sind die Randbedingungen sehr wichtig, wie die Firma durch diese Kommunikationskanäle nach außen hin auftritt. Hierzu müssen noch die obersten Leitsätze und Richtlinien festgelegt werden im Bereich des Coporate Identity. Diese wurden innerhalb eines Projektteams erarbeitet und finden sich im Anhang wieder.

Public Relations über Internet [83]

Nach eingehender Analyse der bestehenden Homepage läßt sich nun abschließend sagen, daß diese nicht mehr „up-to-date"[84] ist. Die Funktionen oder Bestandteile, die die Homepage beinhalten sollte, um dem Drang der Kunden nach Informationen über das Internet als Online-, Database- und Dialogmarketingmittel Nr. 1, gerecht werden zu können, sind im Anhang hinreichend aufgeführt und erklärt. Kommen wir zurück und beleuchten wir die Trends, die im Bereich des Internets Aufmerksamkeit erlangen werden.

Online-Marketing [85]

Beim Online-Marketing wird der Kunde im Rahmen des 1 to 1- Marketings direkt und fast ohne Zeitverzug kontaktet. Es kann somit ein sehr viel schnellerer Kontakt gepflegt

---

[81] Stelzer, J.: Das persönliche Netz, W&V, Nr. 19/98, S. 158-160
[82] Artikel in W&V Ausgabe 19/98 auf S. 158
[83] Römer, M.: Für die Mehrzahl der Firmen lohnt der Internet-Auftritt, Computer-Zeitung 18, S.25 und o. A.: Acht Gebote erfolgreichen Internet-Marketings, IHK Magazin Wirtschaft Nr. 4/98, S.16-18 und Jacobs, L.: Gedultsfrage, W&V, Nr. 19/98 S.12-16
[84] auf dem neusten Stand befindlich
[85] hei: Supermarkt Internet: Die Einkaufskörbe sind noch leer, Computer Reseller News 19/98 und Hohensee, M.: Marktplatz Internet, Wirtschaftswoche 11/98 S. 80 - 88

>> Der Markt für High Availability <<

werden und auch eine schnellere Bedienung des Kunden realisiert werden. Der Kunde hat somit viel weniger Gründe, die Informations- und auch vielleicht später die Kaufquelle zu wechseln.

Database-Marketing

Beim Database (=Datenbank)-Marketing geht es darum, über individuelle Datensätze der Kunden zu erreichen, die speziellen Bedürfnisse und Wünsche der Kunden in einer Datenbank festzuhalten. So ist es dann z.b. möglich, einen Kunden, der sich für das Produkt „Titanic" interessiert über ein neu erschienenes Buch online zu informieren. Diese Form ist die „lean"-Variante des Data-Mining, bei dem Firmen ihre Data Marts (Kundendatenbanken des Controlling, des Vertriebs, des Marketings usw.) verknüpfen, um letztendlich durch diese Fusion der Datenbanken ein völlig transparentes Käuferverhalten ergründen zu können.

Dialog-Marketing

Diese Marketingform kann über das Internet in bester Form erreicht werden, da zwischen den Aktionen des Senders und den Reaktionen des Empfängers kaum Zeit verstreicht. Die nonprofitable Zeit zwischen Kundenakquise bezüglich eines Produktes und Kauf kann hier enorm verkürzt werden.

Des weiteren können schneller Bedürfnisse und Wünsche des Kunden ergründet werden, da im Dialog mit dem Kunden eruiert wird, was ihn interessiert und wie viele Informationen er braucht, um einen Kaufabschluß bewirken zu können.

Public-Relations über die Fachzeitschriften

Über diesen Kommunikationskanal versucht die Drost Unternehmensgruppe eine in der Öffentlichkeit initiierte, positive Meinung einer Fachzeitschrift über die Drost Unternehmensgruppe zu erhalten. Außerdem soll diese Aktion den dritten und letzten Kommunikationskanal der PR-Aktionen unterstützen und fördern.

Public-Relations über Weiterempfehlung

Diese Form des Public-Relation sieht vor, daß Kunden durch diese Art des Kontaktes in der Öffentlichkeit auf ein gut vorbereitetes, positives Firmenimage treffen, um bestärkt durch dieses zu versuchen, einen Kontakt mit der Drost Unternehmensgruppe zu erreichen.

7 Abschließende Zusammenfassung

Das Produkt „Cluster" im Marktsegment „Hochverfügbarkeitslösungen" trifft nun auf ein sich gerade erst entwickelnden, positiv gestimmten Markt. Da der Trend, Analysen bestätigen dies (siehe Abbildung 19), vom finanziell, kostspieligeren Betriebssystem UNIX weg zum stärker aufkommenden Betriebssystem Windows NT geht, ist es unerläßlich zu ergründen, welche Produkte man favorisieren will. Sicherlich eine gute Wahl stellt das Produkt dar, welches integriert in das Betriebssystem die breite Masse mit wenig anspruchsvollen Funktionen versorgen will. Genauso wichtig ist aber auch die Unterstützung des Marktführers. In diesem Fall ist das Basisprodukt von Microsoft, der Microsoft Cluster Server, als Standard anzusehen. Das High-End-Produkt kommt von der Firma NCR und nennt sich Lifekeeper. Da derzeit in Deutschland, kein anderer Händler autorisiert ist beide Produkte kundenneutral zu vertreten, ist die Drost Unternehmensgruppe in dieser Situation konkurrenzlos.

Daher werden die Kommunikationsinstrumente Sponsoring, Product-Placement und Verkaufsförderung aufgrund mangelnder Erfolgsaussichten nicht unterstützt. Im Zuge des 1 to 1-Marketings, welche die Grundlage für diese Kommunikationsstrategie bildet, werden die restlichen Kommunikationsinstrumente in ein aktives und passives Kommunikationsmarketing eingeteilt (Siehe Abbildung 23).

Bei dem aktiven Kommunikationsmarketing wird im Bereich der Werbung eine Expansionswerbung angestrebt. Als Einzelwerbung aufgesetzt, kann sie bei der Zahl der Umworbenen, der Stellung der Werbetreibenden und der beabsichtigten Werbewirkung aus einem Mix bestehen. Diese überschwellige Werbung wird im Rahmen von Neuakquisen eher eine Produkt- und Dienstleistungswerbung darstellen. Ist der Kunde jedoch schon Geschäftspartner, wird mit dem guten Namen der Unternehmen geworben. Dem A I D A - Modell folgend, wird die Höhe des Werbebudgets nach den anzustrebenden Werbezielen festgelegt.

>> Der Markt für High Availability <<

Diese Ziele sind vorrangig die, das gerade durch die Herstellerwerbung initiierte, aufkommende Interesse auf das Unternehmen zu lenken. Die Zielgruppe im Rahmen der Werbeplanung, ist die Kategorie der Unternehmen mit einer hohen Pro-Kopf-Produktivität, die explosionsartig, sich ausbreitenden Kosten der EDV bei einem Systemausfall durch eine präventive Absicherung entgegenwirken möchten, aber trotzdem nach Kauf, durch die Einsparungen, einen Return on Investment realisieren können.

Diese zielgruppenspezifischen Aspekte sollen auch durch die Werbebotschaft an die potentielle Zielgruppe herangetragen werden. Das Sichern der unternehmenskritischen Anwendungen bedeutet Imagegewinn, Verringerung der Kosten, höhere Produktivität, weniger entgangenes Geschäft und die Demonstration technischer Kompetenz. Nun sollen neben geschalteten Anzeigen, auch andere Werbemittel wie Kataloge (auf CD-ROM), Werbebriefe und Werbefilme bedient werden.

Bei den Werbeträgern werden die Informationen über Direktwerbung im Sinne des 1 to 1-Marketing, über Fachzeitschriften oder über das Internet versendet. Die Direktwerbung wird im persönlichen Gespräch immer realisiert werden. Auch bei einem Unternehmen, das EDV-Lösungen verkauft, ist es zwingend erforderlich, das Informationsmedium Nr. 1 zu bedienen. Dazu wurde die bestehende Internetpräsenz analysiert und Optimierungsvorschläge erstellt, (Die Optimierungspunkte sind im Anhang aufgelistet) da in der heutigen Zeit im Sinne des E-Commerce das Internet als Direktmarketingmittel genutzt werden kann. Es ist bereits der Auftrag in Abstimmung mit der Geschäftsleitung zum Neuentwurf der Internet-Homepage gemäß den erarbeiteten Richtlinien erteilt worden.

Bei den Fachzeitschriften wurde anhand Analysen derselben herausgefunden, daß in der EDV-Branche die Zeitung „Computerwoche" bei den Fachzeitschriften auf Platz 1 steht. Danach kommt erst wieder die „Computer Reseller News" auf Platz 15 unter den Fachzeitschriften als zweitbester Vertreter der EDV-Branche. Das aussagekräftigere Argument ist aber, daß die Veränderung in Prozent, nämlich 29,4 % von 81,5 Mio. DM größer ist, als die

>> Der Markt für High Availability <<

Veränderung der „Computer Reseller News" (Siehe Abbildung 15). Der letzte Unterschied zwischen diesen beiden Fachzeitschriften ist, daß das Profil der „Computer Reseller News" eher das einer Zeitung ist, die die Bevölkerung mit teilweise nicht vollständig recherchierten Informationen versorgt. Die Leserschaft ist eher die normale IT-Belegschaft. Dagegen wird die „Computerwoche" mehr von IT-Entscheidern gelesen. Sie recherchiert die Artikel vollständig und auch Ihre Analysen werden von führenden Forschungsinstituten unterstützt.

Es kann aufgezeigt werden, daß die Geschäftsleitung beschlossen hat, die Werbung in den Fachzeitschriften aufgrund der Werbewirkung 5-6 Mal zu wiederholen, um neben dem Erinnerungsgedanken auch den Imagegewinn in Augenschein zu nehmen. Das Werbebudget wird durch die Wiederholungen in der „Computerwoche" bestimmt, überprüft durch eine Werbeerfolgskontrolle können aber noch 1-2 Erinnerungswerbungen folgen.

Das Profil der Fachzeitschrift „Computerwoche", wie die Anzeigenpreise, findet sich im Anhang wieder.

So können für eine Werbeaktion in der Computerwoche folgende Kosten veranschlagt werden:

Wiederholungen:	6 x Anzeige
Größe:	1/5 Seite hoch
Form:	s/w - Anzeigen
Preis:	5.985 DM x 6 Wiederholungen = 35910 DM

Bei dem erarbeiteten Werbevorschlag wurde die bestehende Werbung des Herstellers analysiert und die verbesserungswürdigen Punkte mitintegriert. Diese Analyse findet sich im Anhang wieder.

>> Der Markt für High Availability <<

Haben Sie sich schon einmal überlegt, wie hoch der Anteil unternehmenskritischer Anwendungen in Ihrem Hause ist?

Analysen haben gezeigt, daß sich dieser Anteil im Bereich von ca. 80 % bewegt.
Das bedeutet für Sie: steht Ihr System, sind Sie zu 80 % vom Bankrott bedroht.

Realisieren Sie mehr Sicherheit für Ihre unternehmenskritischen Anwendungen !
Das bedeutet für Sie:

- eine höhere Produktivität

- Imageverbesserung

- einen höheren EDV- Nutzungsgrad

- weniger Kosten

- Reduzierung des verlorenen Geschäfts

- Demonstration der technischen Kompetenz

Schützen Sie sich und Ihr System mit einer Clusterlösung von der Drost Unternehmensgruppe, dann können auch Sie sich wieder „gedrost" zurücklehnen

Drost Unternehmensgruppe
Grathwohlstraße 5
72762 Reutlingen
Tel. 07121/ 9179 - 0, Fax 07121/ 31 14 43
E-Mail:info@drost.de, Internet http://www.drost.de

Marketing GmbH
Computer-Systeme

Abbildung 30 : Werbevorschlag

Im Rahmen einer prosaisonalen Werbeaktion sollen nun diese Werbemittel über die genannten Werbeträger im Mix zwischen selbstständiger Durchführung und Realisierung über eine Werbeagentur bedient werden.

>> Der Markt für High Availability <<

Bei der Werbeerfolgskontrolle wird zur Überprüfung des Umsatzerfolges die Methode der Direktbefragung herangezogen, während eine Messung des außerökonomischen Erfolges über das Kontaktmessungsverfahren praktiziert wird.

Im Bereich des Direktmarketings wird die Drost Unternehmensgruppe im Zuge des 1 to 1-Marketing die Direktwerbung, wie den persönlichen Verkauf, aufgrund der Notwendigkeit einer Erklärung ihrer Produkte, favorisieren.

Im Bereich des passiven Kommunikationsmarketing läßt sich sagen, daß bei der Drost Unternehmensgruppe Corporate-Identity-Slogans (diese Slogans, die modelliert wurden, finden sich im Anhang wieder) zu etablieren waren, die dann integriert in den Internetauftritt, der Öffentlichkeitsarbeit in allen 3 Kategorien (Öffentlichkeitsarbeit über Internet, Fachzeitschrift und Empfehlungen) zu mehr Effekt der Werbung verhalfen.

Bezüglich des Internets im Bereich des passiven Kommunikationsmarketings sollen Online-Marketing, Database-Marketing und Dialog-Marketing eingesetzt werden, um so eine gesteigerte „Response" zu erhalten.

Gleichzeitig soll die Drost Unternehmensgruppe Autoren renommierter EDV-Fachzeitschriften wie der Computerwoche oder Reseller News zu einem Interview einladen. Damit wird die in der Öffentlichkeit herrschende Aufmerksamkeit auf die Drost Unternehmensgruppe gelenkt, indem ein unabhängiger Autor sich positiv über das Unternehmen Drost äußert und dessen Produkt- und Leistungskatalog beschreibt.
Dies unterstützt massiv die persönliche Empfehlung, die nun durch Imageflyer unterstützt werden kann.

Zum Schluß läßt sich sagen, daß bei diesen Maßnahmen immer der sich entwickelnde Markt im Fokus behalten werden soll. Diese Maßnahmen müssen als ganzes, als Strategie verstanden werden, nicht als Einzelmaßnahmen.

>> Der Markt für High Availability <<

Allein genommen würde jede Maßnahme nur einen Bruchteil des Fortschritts erbringen, zu dessen sie im Kollektiv angewendet, fähig sind.

Beachtet man diese Notwendigkeit, so kann der Markt für die Drost Unternehmensgruppe bezüglich dem Produkt „Cluster" im Marktsegment „Hochverfügbarkeitslösungen" frisch aufbereitet werden.

8 Stichwortverzeichnis

A

Absturz, 20	Der Rechner verliert seine Betriebsfähigkeit
active/active-Konfiguration, 24	Bei Cluster Konfiguration verwendet man 2 aktive Komponenten. Jeder dieser Komponenten ist eigenständig.
Alphaprozessoren, 21	Spezielle von Digital entwickelte Prozessoren
API, 19	Application Programming Interface, Schnittstelle zwischen 2 Programmen, bei denen Informationen
übergeben	werden.
Applikationsdaten, 18	Daten der Anwendungen
Asset Managements, 5	Ausstattungsmanagement

B

Backup-Server, 17	Server, der zur Sicherung des Produktiv-Servers eingesetzt wird.
basic failover recovery, 20	Grundwiederherstellungsprozedur
Betriebssystemlizenz, 11	Schriftstück, das den rechtmäßigen Erwerb der Betriebssystemsoftware bestätigt

C

cascading failover, 26	Wechselnder Failover (Verlagerung der Dienste auf einen anderen Server, siehe Failover), den Lifekeeper gestattet, Reihenrückgriff
Clients, 18	Clients sind Computer, welche auf Dienste der Server zurückgreifen
Cluster, 5, 10, 12	Zum Cluster zusammengenommene Computer, welche administrativ durch Clustersoftware verwaltet werden
Cluster-aware, 12	Anwendungen tragen diese Prädikat, wenn sie problemlos über die Standard-API's mit dem Microsoft Cluster-Server kommunizieren können.
Cluster-Server, 9	Server, der in einen Cluster eingebunden ist
Clusterlösung, 36	Lösung eines Produktiv-Problems anhand einer Clustertechnologie
Clusterverbund, 13	Clusterverbund ist eine Gruppierung von Systemen zu einem Cluster
Compaq, 18	Compaq ist einer der weltgrößten PC-Hersteller
Controller, 15	Controller ist eine Hardwareeinheit, welche die Zugriffe der Schreib- und Lesebefehle mehrerer Komponenten zur Disk zeitmäßig steuert

D

Data Warehousing, 10	Konzept zur größeren Datenhaltung, um spezifischere Aussagen bezüglich der Kunden zu erhalten
Datenspiegelung, 15	Daten werden auf andere Festplatten gespiegelt, um dadurch eine größere Datensicherheit zu erhalten
Digital, 11	Digital ist ein führender PC-Hersteller

>> Stichwortverzeichnis <<

Disk ist der englische Kurzbegriff für Festplatte
Disk-Arrays sind Festplatten zusammengefaßt zu
Plattenschränken, die gesteuert durch einen
Controller, mehrere Gigabyte an Daten speichern
können
Diese Einheit steuert den gemeinsamen Zugriff auf
Daten innerhalb eines Clusters

E

So wird der Handel über das Internet bezeichnet.
Der Server, der innerhalb eines Clusters als
Notfallserver bereitsteht und die Dienste
übernehmen soll
Spezielle Art eines Netzwerkes
Das ist ein Konzept, das die Datenverwaltung
außerhalb eines Clusters erlaubt

F

Failover ist die Übergabe der Dienste des nicht mehr
betriebsfähigen Servers an den betriebsfähigen Server.
Das ist ein höher verfügbares System als das der
High-Availibility-Systeme
Feedback ist, die Rückantwort in einer
Kommunikation

G

Dieser Prinzip ermöglicht das Auslesen einer
gemeinsam verwalteten Hauptspeichers von allen
eingebundenen Einheiten

H

Dieses Verfahren realisiert RAID über
Hardwaresteuerung, also extra Komponenten.
Diese Verbindung wird innerhalb eines Clusters für
die Kommunikation der Hardware genutzt.
Darüber wird der Status der Systeme mitgeteilt.
Verwaltung des Hauptspeichers bezüglich Schreiben
und Lesen der Daten.
Über diese Verbindung kommunizieren die Systeme
im Cluster miteinander.
Großer Hersteller von PC-Systemen.
Konzept zur Realisierung einer hohen Verfügbarkeit
von EDV-Systemen.

I

Sehr großer Hersteller von Hard- und Software
Das sind Informationen, die permanent auf Abruf
verfügbar sein müssen

>> Stichwortverzeichnis <<

Informix, 26	Hersteller von großen Datenbanken
Intel, 18	Intel ist der weltgrößte Hersteller von Prozessoren
Interaktivität, 50	Interaktivität stellt eine Dialogform dar, bei der nicht nur gesendet werden kann, sondern auch fast sofort eine Reaktion erfolgen kann
International Data Corporation, 11	Unabhängiges Marktforschungsinstitut
Internet, 60	Weltweites EDV-Netz, einst entstanden mit der Intention ein reines Verteidigungsnetz zu werden

J

JBOD, 29	= Just a bunch of Disks; stellt mehrere Platten zusammengenommen als Speichereinheit dar

K

Know-How, 8	Ist das Wissen bezüglich eines Sachverhalts
Kommunikationsmix, 40	Dieser Mix besteht aus den einzelnen Komponenten der Kommunikationspolitik
Kommunikationsstrategie, 32	Strategie, die entwickelt wird, um rein Produkt bestmöglich auf den Markt zu bringen
Kotler, 44	Wirtschaftswissenschaftler, der seinen Schwerpunkt auf Marketing gelegt hat
Kundenakquise, 61	Ist die Neukundengewinnung und die Betreuung derselben

L

LAN, 27	= Local Area Network; großes Netzwerk, z.B. Intranet
Lewis, 44	Wirtschaftswissenschaftler, der seinen Schwerpunkt auf Marketing gelegt hat
Lifekeeper, 9, 18	Lifekeeper ist das Clusterprodukt vom Unternehmen NCR
Lock-up, 20	Lock-up meint das klassische Aufhängen/ Stillstehen des Computers
Lotus Notes, 26	Lotus-Notes ist das Serverprogramm von der Softwarefirma Lotus,, die E-Mail zur Verfügung stellt

M

Mehrprozessormaschinen, 12	Das sind Systeme, die mehrere Prozessoren bedienen können
Meyer, 44	Wirtschaftswissenschaftler, der seinen Schwerpunkt auf Marketing gelegt hat
Microsoft Exchange, 26	Exchange ist das Serverprogramm von Microsoft, das E-Mail zur Verfügung stellt
Microsoft SQL-Server, 26	Programm von Microsoft, das einen Structured Query Language-Dienst zur Verfügung stellt
Monopolstellung, 34	Diese Stellung hat ein Unternehmen, welches konkurrenzlos alleiniger Anbieter in seiner Branche ist.

>> Stichwortverzeichnis <<

>> Stichwortverzeichnis <<

>> Stichwortverzeichnis <<

U

UNIX, 10
User-Help-Desk, 5

Betriebssystem
Einrichtung zur besseren Unterstützung der
Vertragspartner bei PC-Problemen

V

Verfügbarkeit, 10
vertikales Marketing, 32

virtuellen System, 10
Virtuellen Unternehmung, 10

Die Aufrechterhaltung von Diensten
Die Unterstützung der Marketingaktionen durch
die nächste Hierarchiestufe, z.B. Handel wird
unterstützt durch die Industrie
Ist nur virtuell, nicht wirklich vorhanden
Unternehmung, die nicht wirklich dort in der Größe
vorhanden ist, wo sie es angibt zu sein, da dort nur
Firmierungsort besteht

W

Web, 10
Win32 API, 19
Windows-NT-Enterprise-Edition, 18

Windows NT, 9
Wolfpack, 19

Kurzbegriff für das Internet
Siehe API
Spezielle Version des Betriebssystems Windows NT
für Unternehmen
Betriebssystem von Microsoft
Interner Projektname für den Microsoft Cluster Server

Z

Zwei-Node-Cluster, 21

Bezeichnet die Größe des Clusters, dieser besteht aus
zwei Systemen.

9 Literaturverzeichnis

<u>Bücher</u>

Bruhn, Manfred: Kommunikationspolitik - Grundlagen der Unternehmenskommunikation, München: Vahlen, 1997

Holland, Heinrich: Direktmarketing, München: Vahlen, 1992

Hormuth, Steffen: Placement - eine innovative Kommunikationsstrategie, München: Vahlen, 1993

Kotler, Philip; Bliemel, Friedhelm: Marketing-Management, Analyse, Planung, Umsetzung und Steuerung, 8. Vollständig neu bearbeitete und erweiterte Aufl., Stuttgart: Schäffer-Poeschel, 1995

Meffert, Heribert: Marketing - Grundlagen der Absatzwirtschaft, 7. überarbeitet und erweiterte Aufl., Wiesbaden: Gabler, 1986 (Nachdruck '89)

Merbold, Claus: Business-to-Business-Kommunikation - Bedingungen und Wirkungen, Hamburg: Spiegel-Verlag, 1994

Pepels, Werner: Werbung und Absatzförderung, Wiesbaden: Gabler, 1994

Pepels, Werner: Marketing, Baden-Baden: Nomos, 1994

>> Literaturverzeichnis <<

Peppers, Don;   Die 1 to 1 Zukunft - Strategien für ein

Rogers, Martha: individuelles Kundenmarketing , [Einzig

                        berechtigte Übers. aus dem Amerikan. von Erwin

                        Schuhmacher], Freiburg i. Br.: Haufe, 1994

Weis, Hans Christian: Marketing, Leipzig: Friedrich Kiehl Verlag,
                        1995

Fachzeitschriften

Waschek, Jan: Werbeträger in Deutschland in W&V-Werben und Verkaufen, 29.5.98, Nr. 22, S.88

Ehm, Peter: Sponsoring-Konzepte fehlen, 15.5.98, Nr. 20, S 86. - S. 91

Greafen, Rainer: Den IT-Ausfällen gezielt vorbeugen, Information Week, 19.2.98, Nr. 4/98, S. 40 - 47

Argus, Rainer: IT-Kosten senken mit Methode, Information Week, 19.3.98, Nr. 6/98, S. 50 - 51

Wittmann, Thomas: Raid im Überblick, PC Direkt Special SCSI 98, S. 24 - 26

o. A: Übergabe der Server-Kontrolle, NT Magazin, Nr. 10/97

Römer, Marc: Für die Mehrzahl der Firmen lohnen sich die Investitionen in den Internet-Auftritt, Computer Zeitung, 30.4.98, Nr, 18, S. 25

o. A: Marktforschung, New Media Report, Nr. 4/ 98, S. 34 - 37

o. A.: Acht Gebote erfolgreichen Internet Marketings, IHK Magazin Wirtschaft, Nr. 4/98, S. 16 - 18

o. A.: Deutschland-Informationsgesellschaft?, NET Investor, Nr. 6/98, S. 6

Jacobs, Leo: Gedultsfrage, W & V, Nr. 19/98, S. 12 - 16

je, js: Nonstop-Computing für alle, Information Week, 28.5.98, Nr. 11/98, S. 42 - 47

Stelzer, Josef: Das persönliche Netz, W & V, Nr. 19/ 98, S. 158 - 160

Schmidt, Hans: Vorsichtiger Optimismus, W & V, Nr. 19/98, S. 73 - 74

hei: Supermarkt Internet: Die Einkaufskörbe sind noch leer, Computer Reseller News, 29.5.98, Nr. 19/98, S. 58

Jakob, Elke: Ein Paradies für Planer, W & V , Nr. 19/98, S. 90 - 92

>> Literaturverzeichnis <<

gs: Positives Bild, W & V, Nr. 19/98, S. 88

Hohensee, Matthias: Marktplatz Internet, Wirtschaftswoche, 5.3.98, Nr. 11/98, S. 80 - 88

o. A.: Das Sponsoring ist der Turbolader der klassischen Marketingkommunikation , Computer Zeitung, 19.3.98, Nr. 12/98, S. 58

Wermelskirchen, Simone/Reischauer, Claudia: >> Nur wer seinen Kunden hilft, Kosten zu sparen, hat Aussichten auf Erfolg<<, Wirtschaftswoche, 12.3. 98, Nr. 12, S. 214 - 215

Kröger, Michael: ...steht nicht im Katalog, Wirtschaftswoche, 12.3.98, Nr. 12, S. 200 - 203

Internetquellen

http://www.winntmag.com/issues/1997/June/LabReports.html
http://www.winntmag.com/issues/1997/June/ClusterInABox.html
http://www.winntmag.com/issues/1997/June/Clustering.html
http://www.winntmag.com/magazine/archive/1997/June/Vinca.html
http://www.winntmag.com/magazine/archive/1997/June/wolfpack.html
http://www3.ncr.com/product/integrated/analyst_reports/aberdeen-ha-nt.htm
http://www3.ncr.com/product/integrated/analyst_reports/brown-nt.htm
http://www3.ncr.com/product/integrated/analyst_reports/brown0597.htm
http://www3.ncr.com/product/integrated/analyst_reports/1390-1.htm
http://www3.ncr.com/product/msalliance
http://www.redbooks.ibm.com/SG244858/wolfp002.htm
http://www.redbooks.ibm.com/SG244858/wolfp003.htm
http://www.redbooks.ibm.com/SG244858/wolfp004.htm
http://www.qualix.com/html/aberdeen.html
http://www.entersoft.com/pr11498.html
http://www.topend.ncr.com/PRinfo/whitepprs/te-lk2.htm
http://www.ncr.com/index.htm/archive/sp-62160397.html
http://www.windows.digital.com/news/archives/feature976.asp
http://www.eu.microsoft.com/germany/produkte/prodref/458_newf.htm
http://www.microsoft.com/ntserverenterprise/guide/wolfpack.asp
http://www.eu.microsoft.com/germany/partner/sap/us/tech/proj/wolfpack/cluster.htm
http://www.informatik.uni-stuttgart.de/ifi/bs/lehre/informatik_und_gesellschaft.../Titel.htm
http://www.ncr.com/product/integrated/software/p3.lifekeeper.html
http://www.ncr.com/product/integrated/analyst_reports/index.html
http://www.fachpresse.de/media-info
http://www3.ncr.com/product/integrated/hatp/core.htm
http://www3.ncr.com/press_release/pr100197a.html

>> **Literaturverzeichnis** <<

Produktinformationen

Mayr-Menz, Bernhard: NCR Proprietary Information, 14.12.97

NCR GmbH, NCR Lifekeeper für Windows NT, P-22384 (03983.)

NT-Cluster, NT-Sonderausgabe 1998, S. 4

Kittelberger GmbH, Das Wachstum des Internet, S. 5 - 8

International Data Corporation: „Server Market Review and Forecast-1994-2000, Report 12215, September 1996

10 Anhang

10.1 Analyse der bestehenden Werbung von NCR

Die Werbung „99,99 %-Verfügbarkeit überzeugen hundertprozentig" weist nach eingehender Analyse folgende Schwachpunkte auf:

- Beim Durchlesen fragt sich der „Beworbene" für welches Produkt in dieser Anzeige überhaupt geworben wird. Ist es das Produkt Lifekeeper, das Produkt Top-End, oder gar ein NCR WorldMark 4300-Rechner mit der OctaSCALE-Technologie. Hier wären vielleicht getrennte Werbekampagnen angebrachter.

- Eine Werbung soll neben Basis- und Nutzenbotschaft auch eine Nutzenbegründung enthalten. Diese wird hier aber nur zart angedeutet. Es wird nur gesagt, daß ein vereinter Einsatz der angesprochenen 3 Produkte eine Verfügbarkeit von 99,99 % erwirkt. Mehr wird jedoch nicht gesagt.

- Es wird zwar mit dem Slogan ein gewisser Kundenfang betrieben, jedoch ist vor dem Blick auf die Headline der Blick auf das Bild angesagt. Dieses Bild verkörpert jedoch nicht im geringsten etwas zum Thema „Hochverfügbarkeit". Es wird nur eine, sich in einer erklärenden Haltung befindliche Person gezeigt, die auf einem WorldMark 4300 sitzt. Die Aussage ist so gering, daß ein flüchtiger Blick auf die Werbung keinen Anlaß gibt, die Headline und den Text zu betrachten.

- Diese sehr conservativ gehaltene Anzeige in den Farben schwarz, weiß und ein schlichtes blau können nicht überzeugen oder gar herausstechen. Ein solches Layout bekommt man heute schon fast bei jeder Anzeige. Sie fällt also nicht mehr auf. Man überliest sie.

- Außer dem Logo der NCR, und selbst das ist nicht in den Originalfarben gehalten, wird hier gänzlich auf das Corporate Identity verzichtet. Bei dieser „schwarz/weiß + 1 Farbe"- Anzeige ist das Geld, das diese Anzeige mehr als eine Schwarz/Weiß-Anzeige kostet, nicht sehr gut investiert. Ein Unternehmen wie NCR hätte besseren Werbeerfolg gehabt, hätte sie in schwarz/weiss geworben.

All diese Verbesserungsvorschläge wie der Aspekt, daß die Drost Unternehmensgruppe kein Hersteller, sondern Händler ist, sind in den Werbevorschlag von Seite 71 eingeflossen.

>> Anhang <<

10.2 Analyse des alten Internetauftritts und Verbesserungsvorschläge für die neue Homepage [86]

Benutzerfreundlichkeit [87]

Die Benutzerfreundlichkeit ist der wahrscheinlich wichtigste Punkt im ersten Kontakt des Users mit der Homepage und ist entscheidend für die Wahl über einen weiteren Klick auf einen link. Zudem ist sie verantwortlich für die Stimmung des Users, denn ist es umständlich für den Kunden manche Elemente auszuwählen, so ist der Homepagebesuch des Kunden besiegelte Sache.

Übersichtlichkeit

Die Seite soll durch Übersichtlichkeit glänzen, da der User die für ihn wichtigen Informationen so schnell wie möglich finden soll. Trifft der User auf eine fremde Seite, die völlig mit Informationen „überladen" ist, dazu noch bunt und mit sich bewegenden Gegenständen versehen, wird ihn diese in erster Linie abschrecken, da er sich auf ihr nicht zurechtfindet.

ci-Darstellung

Die deutliche Darstellung der Corporate Identity ist sehr wichtig, um einem potentiellen Kunden zu zeigen, wie man sein Geschäft versteht. Es ist unerläßlich dem Kunden die vertrauensvolle Basis zu suggerieren, auf welcher sich eine für beide Seiten profitable Geschäftsbeziehung aufbauen könnte.

Interessante themenbezogene links

Dieser Aspekt vermittelt dem User den Eindruck, daß das Unternehmen ständig am Markt ist und neueste Technologien praktiziert. Man möchte den User durch Verweise auf themenbezogene Bereiche auf andere interessante Gebiete aufmerksam machen, in denen das Unternehmen fungiert.

---

[86] Vergl. o.A.: Acht Gebote erfolgreichen Internet-Marketings und Kittelberger GmbH, Das Wachstum des Internet, S. 5-8
[87] Vergl.:o. A. Deutschland-Informationsgesellschaft ?, NET Investor 6/98, S.6

>> Anhang <<

Angabe von Referenzkunden

Die Angabe der Referenzkunde sagt ein vielfaches über den Erfolg der Geschäftsbeziehungen mit den Kunden aus. Außerdem kann der mögliche Kunde sich ein neutrales, aber für ihn wichtigeres, Urteil bilden, indem er die bereits bestehenden Kunden kontaktieren kann.

„wir über uns"

Während der Punkt „ci-Darstellung" die Darstellung des Unternehmens durch die Vorgaben der Geschäftsleitung beinhaltet, arbeitet dieses Kriterium das Selbstverständnis der Beauftragten der Abteilungen heraus. Außerdem beinhaltet dieser Punkt die zeitliche Darstellung der Unternehmensgeschichte als Indikator für den Kunden, die geschäftlichen Beziehungen mit einem Partner aufzunehmen, welcher sich optimal an den Bedürfnissen des Marktes ausrichten kann.

Ansprechpartner genannt

Mit diesem Punkt wird dem User das Gefühl vermittelt, daß er nach dem Erwerb der Waren nicht allein und sozusagen „im Regen steht", denn er hat einen individuellen Ansprechpartner, der bei Bedarf für ihn da ist und zudem über vielerlei Möglichkeiten erreichbar ist.

News-Button

Der News-Button stellt eine Sammlung von unternehmenswichtigen Informationen dar, die dem Kunden verdeutlichen sollen, daß das Unternehmen immer mit den aktuellsten Informationen versorgt wird und diese auch an seine Kunden weiterzugeben bereit ist. Daneben wird dadurch gezeigt, daß intern gefällte Entscheidungen auf dem neusten Gedankengut und den aktuellsten Informationen basieren.

Interaktive Feedbackkanäle

Interaktive Feedbackkanäle drücken den direkten Weg vom Kunden oder Interessenten zur Kontaktperson innerhalb des Unternehmens aus. Das sorgt dafür, daß das Unternehmen in ein positives Licht gerückt wird, da es sich aktiv um den Kunden bemüht.

>> Anhang <<

„Verbesserungs-Reklamations-Box"

Der Verbesserungs-/Reklamationsgedanke, der auf der Homepage aufrecht erhalten werden sollte, suggeriert dem Kunden das Gefühl, daß sich das Unternehmen nicht nur mit positiven Aspekten auseinandersetzt, sondern auch die sachliche Bewältigung von Problemsituationen zu leisten vermag.

Aktuelle Inhalte

Die Angabe der Aktualisierungsstände zeigt, daß das Unternehmen in der Lage ist, seine Kunden zeitgerecht zu bedienen.

In allen diesen Punkten schneidet der Internetauftritt der Drost Unternehmensgruppe nicht sehr positiv ab. In den folgenden Punkten soll ein wenig das Ergebnis der ins Leben gerufenen Projektgruppe gezeigt werden.

Verbesserungsvorschläge [88]

- Beschreibung wer die Firma ist, was sie macht, wie der Produkt- und Dienstleistungskatalog aussieht

- Vielleicht einen historischen Einblick um die hoffentlich positive Entwicklung der Firma PR-mäßig deutlich zu machen

- Aufzeigen der Kooperationen mit Partnern und mit denen vielleicht eine Partnerseite gestalten
  - Link von uns zu den Herstellern und von denen zu uns

- Einfache, funktionale Bedienung der Site [89] mit Online-Hilfe

- Angabe der Projektkunden/Referenzen
  - Umfang und Art des Projektes
  - Beurteilung unserer Arbeit durch den Kunden und die Angabe einer eventuellen Referenzadresse

- Wird die Unternehmensphilosophie/Unternehmensgrundsätze deutlich ?

- Es sollte eine Mecker-Ecke geben, z.B. Kritik an Webmaster

- Gästebuch

- Kurze, knappe Botschaften am Anfang => denn der Homepage-Kunde will am Anfang nicht viel lesen

---

[88] Vergl. o. A.: Marktforschung, New Media Report-Wichtig im Internet-, Nr. 4/98, S. 34-37
[89] Site ist der Komplette Internet-Auftritt

>> Anhang <<

- Visuelle Gliederungsansicht der Page verbessert Transparenz, z. B. Sitemap[90]

- Feedbackkanäle öffnen (Neben Telefon auch Fax, E-Mail, Handy usw.)

- Vorstellen der Teams mit Bild und Kontaktadressen und Beschreibung des Tätigkeitsfeldes des Mitarbeiters

- Bei Suchmaschinen registrieren lassen, um bei der Suche eines Dritten auch in sein initiiertes Suchergebnis zu gelangen

- Gibt es eine Multimediaeinbindung (Bsp.: Demo von Lifekeeper, Video des Firmengeländes oder des Chefs, wie er sein Corporate Identity vorträgt)

- Kann man ohne großen Aufwand vom System Infopakete anfordern? Nicht an einen Menschen wenden, sondern kann der Kunde unseren Internet-Server beauftragen diesem Infos zuzuschicken (Pushtechnologie)

- News/ Veröffentlichungen/Veranstaltungen/Neue Projekte

- Wie oft wird aktualisiert und wie alt sind somit die Infos?

- Ideen (Grußkarte an den hundertsten Homepagebesucher oder Verlosung einer Maus usw.)

- Kann vielleicht ein Maskottchen zum Visualisierungsgedanken, sprich Identifikation mit der Firma/Maskottchen, beitragen?

- Einheitliches Design/Klare Linie (Gleicher Hintergrund, gleiche Schrift usw.), die sich wie rotes Band dadurch zieht?

- Ist die Homepage interaktiv?

- Werden die Produkte interaktiv mit den neusten Technologien präsentiert(Macromedia [91])

---

[90] Sitemap ist ein Bild über die Gliederung der Site
[91] Macromedia gestattet im Internet die präsentative Darstellung der Site und ist somit ein Tool, das zur optischen Aufbereitung gereicht

Erklärung

„Ich versichere, daß ich diese Diplomarbeit selbstständig verfaßt, keine anderen als die angegebenen Quellen und Hilfsmittel benutzt sowie alle wörtlich oder sinngemäß übernommenen Stellen in der Arbeit gekennzeichnet habe.

Die Arbeit wurde noch keiner Kommission zur Prüfung vorgelegt und verletzt in keiner Weise Rechte Dritter."

Diplomarbeiten Agentur

Die Diplomarbeiten Agentur vermarktet seit 1996 erfolgreich
Wirtschaftsstudien, Diplomarbeiten, Magisterarbeiten, Dissertationen
und andere Studienabschlußarbeiten aller Fachbereiche und Hochschulen.

Seriosität, Professionalität und Exklusivität prägen unsere Leistungen:

- Kostenlose Aufnahme der Arbeiten in unser Lieferprogramm
- Faire Beteiligung an den Verkaufserlösen
- Autorinnen und Autoren können den Verkaufspreis selber festlegen
- Effizientes Marketing über viele Distributionskanäle
- Präsenz im Internet unter **http://www.diplom.de**
- Umfangreiches Angebot von mehreren tausend Arbeiten
- Großer Bekanntheitsgrad durch Fernsehen, Hörfunk und Printmedien

Setzen Sie sich mit uns in Verbindung:

***Diplomarbeiten* Agentur**
Dipl. Kfm. Dipl. Hdl. Björn Bedey —
Dipl. Wi.-Ing. Martin Haschke ——
und Guido Meyer GbR ————

Hermannstal 119 k ————
22119 Hamburg ————

Fon: 040 / 655 99 20 ——
Fax: 040 / 655 99 222 ——

agentur@diplom.de ————
www.diplom.de ————

www.ingramcontent.com/pod-product-compliance
Lightning Source LLC
Chambersburg PA
CBHW031226050326
40689CB00009B/1493